Liebe Leserinnen, liebe Leser!

Die missionarische Sendung ist konstitutiv für das Selbstverständnis des Christentums, und Mission ist ein zentraler Begriff der christlichen (und darüber hinaus vieler anderer) Theologien. Für den Bereich der katholischen Kirche hat Mission mit dem Zweiten Vatikanischen Konzil – nicht nur im missionstheologischen Dokument *Ad gentes* – eine grundlegende Neubestimmung erfahren. Dafür sind vier eng mit dem Konzil verbundene Gesichtspunkte ausschlaggebend: *Erstens* wird offenbarungstheologisch – beispielsweise in *Dei verbum* – die Weitergabe des Glaubens als dynamisches Kommunikationsgeschehen verstanden. Wie sich Gott in der Offenbarung mitteilt und in einen Dialog mit den Menschen tritt, so treten auch die Menschen untereinander in einen Dialog der Verkündigung. Mission umfasst *sowohl* das Erzählen, Darstellen, Lehren, Vorleben des eigenen Glaubens *als auch* das Hören, Anschauen, Lernen, Nachvollziehen der Vielfalt der Lebens- und Glaubenswirklichkeiten der Menschen in der jeweils „heutigen" Welt. Dies gilt *zweitens* in besonderer Weise für den Dialog zwischen den Religionen. Wenngleich die Kirche die Unterschiede zwischen den religiösen Überzeugungen nicht übersieht, so betont sie – etwa in *Nostra aetate* – die übereinstimmenden Anliegen und Gemeinsamkeiten, die hinter den verschiedenen Lehren und Regeln stehen. *Drittens* impliziert der politische Gewaltverzicht der Kirche ein verändertes Missionsverständnis. Die Trennung von Religion und Politik – und damit die Religionsfreiheit – wird im Dokument *Dignitatis humanae* erstmals befürwortet. Zwar hält die Kirche an ihrem religiösen Wahrheitsanspruch fest, trennt ihn jedoch von einem politischen Machtanspruch. Der Mensch, der in der Pflicht steht, nach der religiösen Wahrheit zu suchen, benötigt hierfür gesellschaftliche und politische Freiheitsspielräume, dies in der einen oder anderen Weise zu tun und die eine oder andere religiöse Überzeugung anzunehmen. Da diese Modernisierung mit der Würde und Freiheit des Menschen begründet wird, verändert sie grundlegend die Sicht auf die religiöse Selbstbestimmung aller Menschen. *Viertens* schließlich war das Konzil – mit der Gegenwart nicht-katholischer Beobachter, mit der Präsenz zahlreicher Teilnehmer aus früheren Kolonialgebieten sowie mit dem Bedeutungs- und Einflussgewinn der kirchenpolitischen „Peripherie" – selbst ein dynamisches Kommunikationsgeschehen und ein (unvollendetes) missionarisches Ereignis.

Dieses erneuerte Missionsverständnis lässt allerdings auch die gravierende Ambivalenz der missionarischen Praxis deutlich hervortreten: Historisch bedeutete Mission häufig religiöse Bevormundung und Zwang, scharfe religiöse und konfessionelle Wahrheitskonkurrenz, physische und politische Gewaltanwendung sowie Kolonialisierung im buchstäblichen wie im übertragenen Sinn. Es geht immer auch um den Umgang mit dieser „postkolonialen Hypothek", wenn wir uns heute Gedanken zu Mission und zu einem missionarischen Auftrag machen.

Das vorliegende Heft bietet ein Spektrum von biblischen, historischen, pastoralen, systematischen und praktischen Perspektiven auf die Mission im Christentum. *Klara-Antonia Csiszar* (Linz) bietet zunächst anhand der Vorstellung einer empirischen Studie zum Missionsverständnis einen Einblick, was gläubige Menschen unter Mission verstehen. *Michael Zugmann*

(Linz) setzt das Heft mit einem Überblick über Missionsmotive des Neuen Testaments fort. Mit Gesichtspunkten der Mission im frühen Mittelalter setzt sich *Lutz E. von Padberg* (Paderborn/Gießen) auseinander. Eine Kritik der Missionstheologie aus befreiungstheologischer und postkolonialer Perspektive entwickelt *Stefan Silber* (Paderborn). Affirmativ skizziert *Stephen Bevans* (Chicago) das Missionsverständnis von Papst Franziskus (der Text wurde für dieses Heft von *Andreas Telser*, Linz, ins Deutsche übersetzt). Die Missionstheologie eines „klassischen Missionsordens", der Steyler Missionare, erläutert *Martin Üffing* (Sankt Augustin, wie Stephen Bevans selbst Steyler Missionar). Schließlich bietet *Wolf-Gero Reichert* (Rottenburg) einen Einblick in das Missionsverständnis und die missionarische Praxis der deutschen Diözese Rottenburg-Stuttgart.

Über die thematischen Beiträge hinaus enthält das Heft Überlegungen von *Markus Weißer* (Regensburg) zur Ausrichtung der Dogmatik in Zeiten digitaler Kommunikation sowie einen Aufsatz zum Zusammenhang von Identitätspolitik und Christentum: „(Meta-)Identität des Christlichen in der pluralen Gesellschaft". Es handelt sich dabei um die Antrittsvorlesung, die *Ansgar Kreutzer*, ehemaliger Chefredakteur dieser Zeitschrift, an der Justus Liebig-Universität Gießen gehalten hat. Rezensionen theologischer Neuerscheinungen schließen das Heft ab.

Liebe Leserinnen und Leser!

Nicht nur für Religionsgemeinschaften und Theologien, sondern auch für unser individuelles religiöses Selbstverständnis ist Mission bedeutsam. Sie bringt den Zusammenhang von Taufe und Sendung zum Ausdruck. Mit der Taufe sind wir gesandt, in der Vielfalt unserer Möglichkeiten, Begabungen, Orientierungen, auch in der Wechselhaftigkeit unserer Lebens- und Glaubensgeschichten zu zeigen, dass unser Glaube und unsere gläubige Praxis *plausibel* sind. Eine im oben skizzierten Sinne missionarische Kirche muss dann bereit sein, die kulturell und sozial unterschiedlichen Sendungswege der Menschen anzuerkennen. Auch innerkirchlich muss Mission, wenn wir das Zweite Vatikanum ernst nehmen, als dialogisches Kommunikationsgeschehen verstanden werden.

Ihr
Christian Spieß
(für die Redaktion)

Einem Teil dieser Ausgabe liegen Prospekte des Verlags Friedrich Pustet bei.

Redaktion:
Chefredakteur: Univ.-Prof.in Dr.in theol. Ines Weber; *Redaktionsleiter:* Mag. theol. Bernhard Kagerer; *Redakteure/-innen:* Univ.-Prof.in Dr.in theol. Klara-Antonia Csiszar; Univ.-Prof.in Dr.in theol. Susanne Gillmayr-Bucher; em. Univ.-Prof. Dr. theol. Franz Hubmann; Univ.-Prof. Dr. theol. Christian Spieß.

Klara-Antonia Csiszar

Ein lebendiger Missionsbegriff

Missionsverständnisse auf dem empirischen Prüfstand

♦ Was meinen Gläubige, wenn Sie im kirchlichen Kontext den Begriff „Mission" hören? Im theologischen Diskurs darüber wird oft darauf hingewiesen, dass der Begriff belastet sei. Auch wenn es um den konkreten Inhalt des Begriffes – Mission als Verkündigung oder caritatives Tun – geht, herrscht im deutschsprachigen Raum ein Unbehagen. Die Autorin hat im Rahmen des Forschungsprojektes „Entwicklung eines integralen Missionsbegriffes" empirisch erforscht, was Gläubige unter Mission verstehen und wie sie zu ihrem persönlichen Missionsverständnis kommen. Die markantesten Ergebnisse der Missionsstudie werden hier kurz dargestellt. Das Forschungsprojekt wurde am Institut für Weltkirche und Mission an der Philosophisch-Theologischen Hochschule St. Georgen, Frankfurt am Main, durchgeführt und versteht sich als eine innovative Grundlagenforschung in der deutschsprachigen Missionswissenschaft. (Redaktion)

1 Einführung

Der Missionsbegriff hat im biblischen und theologischen Sprachgebrauch eine lange Geschichte. Grundsätzlich bedeutet er „Sendung". Mission und die missionarische Tätigkeit der Kirche gehören zum Proprium Christianum – sie konstituieren Kirche-Sein. Nach knapp zweitausend Jahren Missionsgeschichte begann nach dem II. Vatikanischen Konzil eine Distanzierungstendenz vom Missionsbegriff. Mission wurde mit einem impliziten Hegemonialanspruch auf religiöse Wahrheit in Verbindung gebracht, der im Zeitalter des globalen religiösen Pluralismus und des interreligiösen Dialogs unpassend zu sein schien. Hinzu traten weitere Belastungen des Begriffs durch das missionarische Vorgehen in der Neuzeit und im Zeitalter des Imperialismus, bei dem häufig ein eurozentrischer Zivilisationsanspruch erhoben wurde. Mission stand vermeintlich für ideologische Indoktrination und kulturelle Expansion. Demzufolge wurde der Missionsbegriff in den theologischen Diskursen zum historisch belasteten Begriff. Häufig wurde er deshalb durch andere Begriffe (z. B. Evangelisierung) ersetzt. Diese Tendenz, den Missionsbegriff im kirchlich-theologischen Sprachgebrauch zu ersetzen oder zu vermeiden, wirkt bis in unsere Tage herein. Eine ungeschönte Bestandsaufnahme der gegenwärtigen Forschung in Deutschland macht es deutlich: Während andere wissenschaftliche Disziplinen (z. B. Geschichtswissenschaften, Soziologie, Ethnologie) ein reges Interesse an dem Phänomen der Mission bekunden, findet in der deutschsprachigen Theologie lediglich eine marginale missionswissenschaftliche Grundlagenforschung statt.¹

Jedoch erfährt der Missionsbegriff unter dem gegenwärtigen Pontifikat ein Comeback im deutschsprachigen Raum. Grund dafür ist, dass Papst Franziskus die pastoralen Konsequenzen der Inkarnationslogik und des Christusereignisses unter dem Begriff der Mission bündelt. In seinem Verständnis soll die Kirche „ein[en] Zustand der permanenten Mission" (EG 25) verkörpern. Auch wenn es im deutschsprachigen Raum derzeit nicht an Bemühungen fehlt, den Begriff zu rehabilitieren, und ihn als theologischen Terminus im fachspezifischen Sprachgebrauch neu zu etablieren, wird immer wieder an die belastete Vergangenheit und sogar Gegenwart des Begriffes und der Missionspraxis erinnert.² Ist aber der Missionsbegriff heute tatsächlich noch belastet? Und was meinen die Menschen in Deutschland und darüber hinaus, wenn das Wort „Mission" im Alltag fällt?

2   „Missionsstudie 16"

Obwohl in der theologischen Fachliteratur immer wieder auf die Altlast des Missionsbegriffes und die mit dem Begriff verbundenen negativen Assoziationen, die er bei den Menschen erwecke, hingewiesen wird, hat sich noch keine empirische Studie mit der Frage befasst, was Menschen heute tatsächlich über Mission denken. Um diesen Mangel zu beseitigen und das bisher nicht nachgewiesene Axiom hinsichtlich eines belasteten Missionsbegriffes auf seine Gültigkeit hin zu überprüfen, wurde am Institut für Weltkirche und Mission an der Theologisch-Philosophischen Hochschule Sankt Georgen in Frankfurt am Main im Rahmen des Drittmittelprojektes „Entwicklung eines integralen Missionsbegriffes" die „Missionsstudie 16" in sieben Sprachen initiiert.³ Die Studie wollte – den wissenschaftlichen Standards der empirischen Forschung entsprechend – aufdecken, wie Menschen heute Mission verstehen und wie sie zu ihrem persönlichen Missionsverständnis gelangen. Genauerhin wurde untersucht, wie der Begriff „Mission" im kirchlichen Kontext erlebt und verstanden wird, welche Assoziationen der Begriff bei den Gläubigen erweckt und – nicht zuletzt – inwiefern Gläubige ihre eigene Religionspraxis als Missionspraxis verstehen.

Von März bis November 2016 wurde die „Missionsstudie 16" online in sieben Sprachen durchgeführt. 1098 Personen haben sich weltweit an der Umfrage beteiligt, 1025 Antworten konnten bei der Auswertung berücksichtigt werden. Die Forschungsstrategie bestand in der abwechselnden Anwendung von qualitativen und quantitativen Befragungsmethoden (Tri-

---

[1] Deutschlandweit finden sich fünf missionswissenschaftliche Institute (https://weltkirche.katholisch.de/Engagieren/Bildungsarbeit/Bildungsangebote/Missionswissenschaftliche-Institute). Davon ist ein einziges Institut im universitären Bereich angesiedelt, weitere drei sind hochschulnahe Institute und ein Institut versteht sich als Vereinigung von katholischen Wissenschaftlern sowie von Freunden und Förderern der Missionswissenschaft sowie interkultureller Beziehungen. Vergleicht man diese Forschungslandschaft mit den Forschungsinstituten anderer theologischen Disziplinen, so wird die Bescheidenheit der Möglichkeiten deutlich.

[2] Vgl. *Regina Polak*, Mission in Europa? Auftrag – Herausforderung – Risiko, Innsbruck–Wien 2012, 51; *Giancarlo Collet*, „… bis an die Grenzen der Erde". Grundfragen heutiger Missionswissenschaft, Freiburg i. Br.–Basel–Wien 2002, VII, 21, 27, 121, 223, 224, 235; *Heribert Bettscheider*, Mission für das 21. Jahrhundert, in: Verbum SVD 41 (2000) H. 4, 529–551, hier: 531.

[3] Deutsch, Englisch, Ungarisch, Polnisch, Französisch, Spanisch und Portugiesisch.

angulierung). Durch diese Hybridisierung der Methoden war die Glaubwürdigkeit der Studie gesichert. Für sich allein wäre die quantitative Methode angesichts der geringen Anzahl der Befragten vage geblieben. Dank der Mischung von Methoden konnten quantitativ erkannte Tendenzen verfeinert und die praktische Plausibilität der Erkenntnisse gesteigert werden. Um das persönliche Missionsverständnis der Befragten zu erkunden, wurden drei Cluster mit jeweils 10 Variablen und insgesamt 173 Items erstellt.

2.1 Das Studiendesign

Die Untersuchungsvariablen waren auf drei Grundsatzfragen hin ausgearbeitet, was es später ermöglichte, die Antworten entsprechend zu gruppieren. Die drei Grundsatzfragen lauteten:

– Ist Mission ein harmonischer Begriff, der die Liebe Gottes zu den Menschen und die Nächstenliebe zum Ausdruck bringt?

– Ist Mission ein belasteter Begriff mit dem Beigeschmack einer Kirche des heilspessimistischen Erfassens?

– Wie missioniert man heute: Ist Mission Verkündigung, caritatives Tun oder sowohl als auch?

Im Folgenden werden in einem ersten Schritt die Ergebnisse der deskriptiven Statistiken präsentiert, die uns erlauben, ein allgemeines Bild vom Missionsverständnis der Befragten zu zeichnen. In einem zweiten Schritt werden ausgewählte Ergebnisse der explorativen Statistik dargestellt, die Tendenzen hinsichtlich der Missionsverständnisprofile der Befragten verdeutlichen. Die Studienergebnisse in ihrer ganzen Komplexität hier darzustellen, würde den Rahmen dieses Beitrages sprengen. Demnach erheben die Darstellungen im Folgenden keinen Anspruch auf Vollständigkeit. Eine detaillierte Darstellung mit allen Ergebnissen der Studie wird im Herbst 2020 veröffentlicht.[4]

2.2 Deskriptive Statistik

2.2.1 Herkunft der Befragten

Das Missionsverständnis im deutschsprachigen Raum darzustellen, das überdies einen kleinen Einblick in andere gesellschaftliche Kontexte ermöglicht, macht es notwendig, zunächst die Herkunft der Befragten aufzuschlüsseln (Abb. 1). 56 % der Befragten kommen aus dem deutschsprachigen Raum: aus Deutschland, aus Österreich und aus der Schweiz. Die zweitgrößte Gruppe der Befragten lebt in Ost-

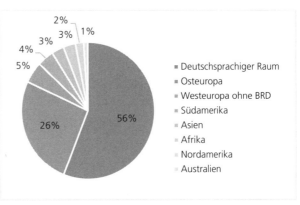

Abb. 1: Herkunft der Befragten

---

[4] *Klara Csiszar*, Missio-Logos. Beiträge über ein integrales Missionskonzept einer Kirche bei den Menschen, Regensburg 2020.

europa (26 %). In dieser Gruppe bilden Befragte aus Ungarn, aus Rumänien, aus Serbien und aus Polen eine Mehrheit. Kleine Gruppen der Osteuropäer leben in Albanien, in Mazedonien oder im Kosovo. Aus Westeuropa (ohne den deutschsprachigen Raum) kommen weitere 5 % der Befragten. In Südamerika leben 4 % der Befragten. An der Befragung haben sich mit je einer kleinen Gruppe auch Asien (3 %), Nordamerika (2 %), Afrika (3 %) und Australien (1 %) beteiligt. Hinsichtlich der Gewichtung der Ergebnisse sind demzufolge Befragte aus dem deutschsprachigen Raum sowie Befragte aus Osteuropa vorherrschend.[5]

2.2.2 Berufsprofil der Beteiligten

Für die hier angestrebte kurze Darstellung der wichtigsten Ergebnisse der „Missionsstudie 16" ist die berufliche Einordnung der Befragten ebenso relevant (Abb. 2). Im beruflichen Feld können zunächst einmal folgende Gruppen genannt werden: Die „Berufskirche", die „Alltagskirche" und die „Theoretische-Kirche". Die „Berufskirche" bilden Seelsorgerinnen und Seelsorger, Priester, Laien und Bischöfe, die hauptamtlich in der Kirche tätig sind. 17 % der Befragten sind geweihte Personen (Diakone, Priester, Bischöfe sowie Ordensangehörige), 18 % der Befragten sind Laien im kirchlichen Dienst. Eine weitere Gruppe ist jene der „Theoretischen-Kirche". Dazu gehören Theologinnen und Theologen, die sich an der Umfrage beteiligt haben (13 %).[6] Zur Gruppe der „Alltagskirche" zählen die getauften Christinnen und Christen, die nicht hauptamtlich in der Kirche tätig sind und nicht im akademischen Umfeld arbeiten. Ihr gehören 52 % der Beteiligten an.

2.2.3 Was bedeutet Mission?

Eindeutige Tendenz zeigen die Befragten zur Frage, was Mission bedeutet (Abb. 3). 82,9 % sind der Meinung, dass Mission explizit etwas mit Jesus und seiner Nachfolge zu tun hat. Durch die missionarische Tätigkeit der Kirche wird die Praxis Jesu erkennbar. Einen wichtigen Stellenwert nimmt auch der Dialog hinsichtlich der Missionspraxis ein. 83,8 % der Befragten stimmen zu, dass Mission Dialog bedeutet. 82,7 % der Beteiligten befürworten, dass die Verkündigung des Reiches Gottes Mission bedeutet. Bemerkenswert ist die Anzahl der Bejahungen, wenn es um die Mis-

Abb. 2: Berufsprofil der Beteiligten

---

[5] Diese aproportionale Aufteilung der Befragten ist vor allem der ursprünglichen Projektidee geschuldet. Von Anfang an stand das Missionsverständnis im deutschsprachigen Raum im Fokus des Forschungsprojektes. Die Befragung von Gläubigen aus anderen Kontexten war eine Ausweitung der ursprünglichen Fokusgruppe. Sie sollte einen kleinen Einblick davon verschaffen, wie andere Menschen über Mission denken, allen voran jene, die ganz nah am deutschen Kontext leben, wie etwa die Osteuropäer.

[6] Zur Gruppe der „Theoretischen-Kirche" gehören auch die Priester und Ordensangehörigen, die im akademisch-wissenschaftlichen Umfeld tätig sind.

	[24] Mission heißt: Jesus vorstellen, sein Wort verbreiten und Zeugnis für ihn ablegen.	[25] Mission ist Dialog.	[26] Mission ist die Verkündigung des Reiches Gottes.	[27] Mission ist Verkündigung und Dialog.
Ich stimme voll und ganz zu.	40,70 %	45,40 %	41,50 %	41,30 %
Ich stimme zu.	42,20 %	38,40 %	41,20 %	45,80 %
teils-teils	14,70 %	14,10 %	13,30 %	11,60 %
Ich stimme nicht zu.	2,00 %	1,40 %	2,90 %	0,90 %
Ich stimme gar nicht zu.	0,50 %	0,80 %	1,00 %	0,50 %

Abb. 3: Was bedeutet Mission?

sion als Verkündigung und Dialog geht. 87,1 % der Befragten signalisieren dadurch ein integrales Missionsverständnis, wonach Verkündigung und Dialog als komplementäre Aspekte des missionarischen Tuns der Kirche zu verstehen sind.

2.2.4 Missionsverständnisse

Diverse Assoziationsmöglichkeiten zum Begriff „Mission" zeichnen und typisieren das Missionsverständnis der Befragten. Demzufolge lassen sich vier Gruppen von „Missions-Typen"[7] unterscheiden (Abb. 4). 14 % der Befragten sind „Verkündigungstypen". Sie verstehen unter Mission primär die Verkündigung. 13 % der Befragten meinen, sie würden unter Mission Dialog oder caritatives Tun verstehen. Diese wird als die Gruppe der „Dialog-Caritativ-Typen" bezeichnet. 9 % der Befragten setzen Mission mit Altlast und mit den his-

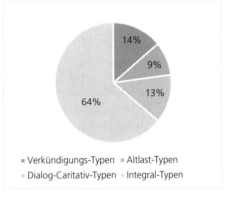

Abb. 4: Missionsverständnisse

torischen Schattenseiten der Kirche gleich. Sie bilden die Gruppe der „Altlast-Typen". 64 % der Befragten gehören zu den sogenannten „Integral-Typen". In ihrem Missionsverständnis ist die Praxis Jesu maßgebend, wenn es um die Missionspraxis der Kirche geht, und sie vertreten ein Missionsverständnis, in welchem sowohl Ver-

---

[7] Die Benennungen der einzelnen Missions-Typen sind Wortschöpfungen der Verfasserin und verdeutlichen knapp, was die Befragten primär mit Mission verbinden: Verkündigung, Dialog oder caritatives Tun, historische Altlast oder ob Mission integral verstanden wird, ohne den Verkündigungsaspekten oder den diakonalen Gesichtspunkten einen Vorrang zu geben und ohne sie zu trennen. Die Integral-Typen assoziieren mit dem Missionsbegriff das holistische Tun in der Kirche zum Wohl der Menschen. Im weiteren Verlauf des Beitrages wird von den Anführungszeichen im Rahmen dieser Wortschöpfungen der leichteren Lesbarkeit wegen abgesehen.

	[1] Die Kirche ist da, um zu missionieren.	[2] Was die Kirche über die Mission lehrt, ist veraltet.	[3] Wenn die Kirche caritativ tätig ist, ist sie zugleich missionarisch tätig.	[4] Wenn die Kirche für den Menschen die Glaubenswahrheiten erschließt, ist sie missionarisch tätig.	[5] Mission ist keine Einbahnstraße. Mission geschieht von Mensch zu Mensch im Dialog.
Ich stimme voll und ganz zu.	28,70 %	4,30 %	34,90 %	29,90 %	59,90 %
Ich stimme zu.	29,90 %	14,20 %	35,90 %	42,00 %	30,10 %
teils-teils	29,20 %	34,60 %	21,50 %	18,30 %	7,30 %
Ich stimme nicht zu.	7,90 %	29,20 %	5,50 %	7,10 %	1,30 %
Ich stimme gar nicht zu.	4,20 %	17,70 %	2,20 %	2,70 %	1,30 %

Abb. 5: Kirche und Mission

kündigung als auch Dialog, aber auch caritatives Tun als komplementäre Teile der Mission zu verstehen sind.

2.2.5 Mission als Aufgabe der Kirche

Die Befragten bewerten es positiv, wenn die Kirche missioniert (Abb. 5). 58,60 % meinen, dass dies Aufgabe der Kirche ist. Knapp 30 % der Beteiligten versetzen sich in einen Stand-by-Modus und können keine eindeutige Stellungnahme erkennbar machen, ob die Kirche für die Mission eintreten sollte. Sobald aber klar wird, was Mission bedeutet, nämlich keine Einbahnstraße, sondern einen dialogischen Akt, kommen sie aus dem Stand-by-Modus heraus und geben ein positives Votum zugunsten einer dialogischen Missionspraxis ab. 90 % der Befragten stimmen zu, dass Mission keine Einbahnstraße ist, sondern sich von Mensch zu Mensch im Dialog ereignet. Überraschend ist, dass nur eine ganz geringe Anzahl der Befragten Mission grundsätzlich ablehnt und es negativ bewertet, wenn die Kirche missioniert. Für die Mehrheit der Befragten ist es wichtig, wie Mission praktiziert wird, sowohl inhaltlich als auch methodisch.

2.2.6 Akteure der Mission

Sehr eindeutig ist die Stellungnahme der Befragten, wenn es um die Partizipation aller Gläubigen an der missionarischen Tätigkeit der Kirche geht (Abb. 6): Bemerkenswert dabei ist die große Zustimmung der Befragten (81,50 %). Die Behauptung, dass es einer besonderen Beauftragung für die Mission kirchlicherseits bedürfe, erfuhr eine klare Ablehnung (92,7 %). Die Antworten auf die Frage, ob alle Katholikinnen und Katholiken oder nur manche im Auftrag der Kirche mit speziellen Ausbildungen Missionarinnen und Missionare sein können, signalisieren einerseits, dass alle Katholik/inn/en den Missionsauftrag erhalten haben (81,5 %), zugleich aber er-

	[21] Missionare: alle Katholiken	[22] Missionare: nur im Auftrag der Kirche	[23] Mission: spezielle Ausbildung
Ich stimme voll und ganz zu.	50,40 %	0,80 %	7,30 %
Ich stimme zu.	31,10 %	2,50 %	15,70 %
teils-teils	11,80 %	4,10 %	36,80 %
Ich stimme nicht zu.	5,80 %	35,00 %	22,80 %
Ich stimme gar nicht zu.	0,90 %	57,70 %	17,50 %

Abb. 6: Akteure der Mission

kennen sie auch an, dass ebenso spezielle Formen (Lebensformen) der Mission existieren, die eine Ausbildung und Aussendung von Missionarinnen und Missionaren voraussetzen. Diese differenzierten Stellungnahmen der Befragten deuten darauf hin, dass in der Kirche eine breite Akzeptanz und Kenntnis dessen wahrnehmbar ist, was die verschiedenen Möglichkeiten der partizipativen missionarischen Tätigkeiten angeht. Man könnte meinen, dass die Befragten die zwei großen Missionsdokumente des Lehramtes – *Ad gentes* (1965) und *Redemptoris Missio* (1990) – bestens kennen. In diesen Dokumenten wird nämlich einerseits der Auftrag für die Mission aller Getauften betont, andererseits beschreiben diese Dokumente den Ausbildungsweg der „Profi-Missionare" hinsichtlich der kontextuellen Herausforderungen unserer Zeit und betonen die dringende Notwendigkeit des Dialogs und der Inkulturation in der Missionsarbeit.

2.2.7 Die Missionstätigkeit der Befragten

Ein letzter bemerkenswerter Hinweis zum Missionsverständnis der Befragten, der aus der deskriptiven Statistik hervorgeht, ergibt sich aus der Beantwortung der schlichten Frage: „Würden Sie behaupten, dass Sie im

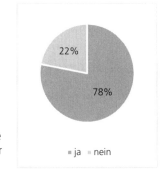

Abb. 7: Missionarische Tätigkeiten der Befragten

Alltag missionarisch tätig sind?" (Abb. 7) 78 % der Befragten stimmen dieser Aussage zu und behaupten im Alltag missionarisch tätig zu sein. 22 % der Befragten meinen hingegen, missionarisch nicht tätig zu sein.

2.3 Zusammenschau der deskriptiven Statistik

Die hier kurz zusammengefasssten Darstellungen der einzelnen Variablen der „Missionsstudie 16" verdeutlichen, dass die Befragten überwiegend ein positives Missionsverständnis aufweisen. Das integrale Missionsverständnis wird breit vertreten und die missionarische Tätigkeit der Kirche als ein kommunikatives Geschehen geschätzt. Der hohe Anteil der missionarisch Tätigen unter den Befragten deutet darauf hin, dass Mission nicht nur geschätzt, sondern auch praktiziert wird. Die Angaben zu den Akteur/inn/en der Mission zeugen von der missionarischen Partizipation aller Getauften, wobei das Bewusstsein, dass es auch Profi-Missionare in der Kirche gibt, die vor allem in der Entwicklungsarbeit tätig sind, ersichtlich wird. Die Gruppenbildung nach Missionstypen und die geringe Anzahl der „Altlast-Typen" bestätigen diese Ergebnisse. Sie können hinsichtlich des erforschten Missionsverständnisses als richtungsweisend interpretiert werden. Dank der explorativen Statistik konnte das Missionsverständnis weiter erforscht und Tendenzen daraus abgeleitet werden.

2.4 Explorative Statistik

Auf der Hand liegen zwei Korrelationen, die darüber Auskunft geben, welche Missionstypen für die verschiedenen geografischen Kontexte markant sind und welchen Zusammenhang die Missionsverständnisse angesichts der Berufsprofile zeigen:

2.4.1 Missions-Typ[8] und Herkunft der Befragten

Die Korrelation von geografischen Lebensräumen und den verschiedenen Missionstypen liefert wertvolle Erkenntnisse (Abb. 8). Unabhängig davon, woher die Befragten kommen, stellen die Intergral-Typen eine dominante Gruppe dar: 62 % der Befragten im deutschsprachigen Raum gehören dazu. 62 % in Westeuropa, 72 % in Osteuropa, 61 % in Asien, 42 % in Afrika, 57 % in Nordamerika, 54 % in Südamerika und 100 % in Australien können zu den Integral-Typen gezählt werden. Auffallend ist, dass über den deutschsprachigen Raum hinaus die Gruppe der Altlast-Typen sinkt oder sogar fehlt, ja im deutschsprachigen

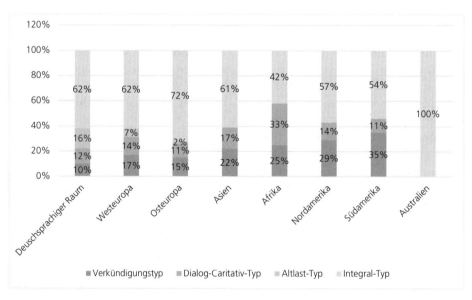

Abb. 8: Missions-Typ und Herkunft der Befragten

[8] Die Generierung der Missions-Typen erfolgte nach einer Detailanalyse der Antworten im ersten Cluster der Befragung. Dank der eingebauten Variablen, die auf die drei eingangs genannten Grundfragen (S. 229) abzielten, konnten die bereits dargestellten Missions-Typen (S. 231) konfiguriert werden.

Raum keinen signifikanten Wert darstellt. So zählen hier 16 % der Befragten zu den Altlast-Typen, in Westeuropa sind es 7 % und in Osteuropa verbinden 2 % der Befragten die historische Altlast mit dem Missionsbegriff. Überraschend ist, dass in den anderen kulturellen Räumen, darunter in den ehemaligen Kolonialstaaten, keiner der Befragten Mission mit Altlast oder Kolonialisierung assoziiert. Außerhalb von Europa wird ersichtlich, dass die Anzahl derjenigen, die zur Gruppe der Verkündigungstypen gehört, größer wird. Im deutschsprachigen Raum und darüber hinaus in Europa sind die Unterschiede zwischen den Verkündigungstypen und den Dialog-Caritativ-Typen nicht signifikant – sie bleiben in Europa flächendeckend unter 20 %.

2.4.2 Missions-Typ und Berufsprofil der Befragten

Nennenswert ist die Korrelation der Missionsverständnisse mit den verschiedenen Berufsgruppen der Befragten (Abb. 9). Hier fällt auf, dass die Gruppe der Integral-Typen, die unabhängig davon, ob es sich um Geweihte, Laien, Hauptamtliche oder einfache Alltagschristinnen und -christen oder aber um Wissenschaftlerinnen und Wissenschaftler handelt, eine signifikante Größe darstellt. Angesichts der bisherigen Abbildungen ist es nicht überraschend, dass die Altlast-Typen auch in der Korrelation von Beruf und Missionsverständnis keine signifikanten Werte zeigen. Eine leichte Zunahme der Altlast-Typen kann man im Falle der Theoretischen-Kirche und der Alltagskirche feststellen. In diesen beiden Fällen steigen die Werte der Altlast-Typen auf 10 % bzw. auf 12 %. Schaut man gezielt auf die Berufskirche und auf ihre zwei Berufsgruppen – die geweihten Personen und die hauptamtlichen Laien –, so ist festzustellen, dass die Vertreter der Geweihten-Kirche einen ansteigenden Wert hinsichtlich der Verkündigungstypen aufweisen und dass die Laien-Kirche einen signifikanten Mehrwert zeigt, was die Anzahl der Inte-

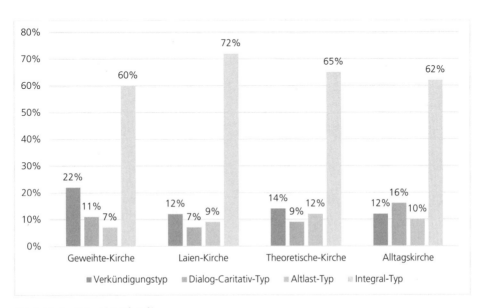

Abb. 9: Missions-Typ und Berufsprofil

gral-Typen betrifft. Demnach scheint Verkündigung des Öfteren als Wort-Verkündigung und der Verkündigungsdienst tendenziell als Aufgabe der Geweihten-Kirche verstanden zu werden. Die Laien-Kirche hingegen zeigt sich diesbezüglich zurückhaltend und vertritt dafür stärker das integrale Verständnis von Mission.

2.5 Konfiguration von Missionsprofile

Aus der Komplexität der Antworten lassen sich Profilmerkmale der verschiedenen Missionstypen ableiten. Im Folgenden sollen beispielhaft nur zwei Zusammenhänge aufgezeigt werden, die aus den verschiedenen Missionstypen zu erkennen sind, wenn es um die eigene religiöse Praxis und um ihre kirchliche Bindung geht.

2.5.1 Die eigene religiöse Praxis

Wie schon angedeutet wurde, behauptet die überwiegende Mehrheit der Befragten (78%) von sich selbst, dass sie/er missionarisch tätig ist (vgl. Abb. 6). Ihre missionarischen Tätigkeiten können auf die Korrelation hin gedeutet werden (Abb. 10).

Wenig signifikant ist die Anzahl der Befragten, die zwar behauptet, dass sie missionarisch tätig ist, in der Detailbefragung aber kein solches Engagement angibt. Im Falle der Verkündigungstypen liegt die Anzahl der missionarisch Inaktiven bei 4%, bei den Dialog-Caritativ-Typen bei 9%, bei den Altlast-Typen bei 10% und bei den Integral-Typen bei 5%. Starke Beteiligung an Verkündigungspraktiken und Dialog-Caritativen-Praktiken charakterisieren alle Missionstypen. Kein signifikanter Unterschied zeigt sich, vergleicht man die Missionspraktiken bei den Verkündigungstypen, den Dialog-Caritativ-Typen und den Integral-Typen. Hervorzuheben ist allerdings die Gruppe der Altlast-Typen. Trotz ihrer belasteten Assoziationen zum Missionsbegriff geben sie an, sich an verschiedenen Missionspraktiken zu beteiligen: 33% der Altlast-Typen sind in Verkündigungspraktiken aktiv, 45%

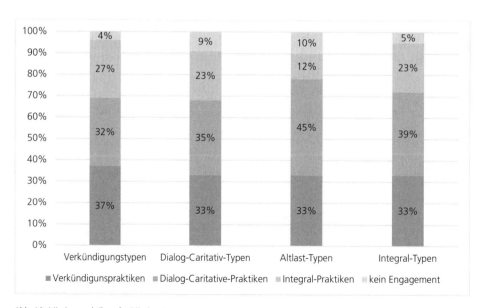

Abb. 10: Missionspraktiken der Missionstypen

in Dialog-Caritativen-Praktiken und nur 12 % geben an, dass sie an Integral-Praktiken[9] der Kirche mitwirken. Diese Daten verdeutlichen, dass das Missionsverständnis nichts oder nur wenig mit den tatsächlichen kirchlichen Aktivitäten der Befragten zu tun hat, die sie als Missionspraktiken angegeben haben. Folglich sind die kirchlichen Aktivitäten der Missionstypen (ob Verkündigungspraktiken, Dialog-Caritativ-Praktiken oder Integral-Praktiken) unabhängig vom Missionsverständnis und damit durchmischt und ausgeglichen.

2.5.2 Kirchliche Bindung

Ein wesentlicher Aspekt zur Profilgenerierung der Missionstypen ist ihre kirchliche Bindung. Sie wurde an verschiedenen Gesichtspunkten des kirchlichen Lebens festgemacht. Im Folgenden soll nun diese Verbindung zwischen dem Motiv der Kirchenmitgliedschaft und dem Missionsverständnis veranschaulicht werden (Abb. 11).

Die Gründe für die Kirchenmitgliedschaft gehören zu den Merkmalen der eigenen Religiosität.[10] Religiös-existenzielle Mitgliedschaftsmotive sind mit über 60 % signifikant bei den Verkündigungstypen, bei den Dialog-Caritativ-Typen und bei den Integral-Typen. Auch wenn die Anzahl der Befragten mit religiös-existenziellem Motiv der Kirchenzugehörigkeit bei den Altlast-Typen etwas unter 60 % liegt, wird auch bei dieser Gruppe das religiös-existenzielle Motiv der kirchlichen Bindung als Hauptmotiv angegeben. Signifikant groß ist die Anzahl der Befragten unter den Verkündigungstypen, die als Motiv ihrer Kirchenbindung die Tradition angeben. Folglich scheint die Mehrheit der Befragten mit traditionellen Bindungen die Verkündi-

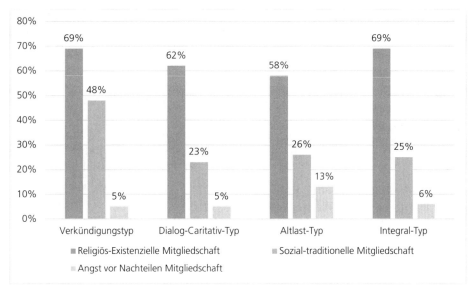

Abb. 11: Motiv der Kirchenzugehörigkeit bei den Missionstypen

[9] Integral-Praktiken sind kirchliche Aktivitäten, die sowohl Verkündigungsaspekte als auch Gesichtspunkte von dialogischen und caritativen Tätigkeiten aufzeigen.
[10] *Paul M. Zulehner*, Verbuntung. Kirchen im weltanschaulichen Pluralismus. Religion im Leben der Menschen 1970–2010, Ostfildern 2011, 37.

gung als primären Akt der Mission zu betrachten. Relativ bedeutungslos hingegen ist die Anzahl der Befragten, die aus Angst, Nachteile zu haben, wenn sie sich kirchlich nicht binden, die Kirchenmitgliedschaft aufrechterhalten. Angst als Grund der kirchlichen Zugehörigkeit wird am häufigsten bei den Altlast-Typen angegeben, aber auch in diesem Fall, so wie bei allen anderen Typen, bleibt dieses Motiv der kirchlichen Bindung unter 15 % und kann als nicht signifikant betrachtet werden.

3 Zusammenfassung und Relevanz der Studie

Aufgrund der Ergebnisse der „Missionsstudie 16" kann nicht behauptet werden, dass der Missionsbegriff belastet ist und dass damit primär Kolonialisierung, Altlast oder die europäische Expansion verbunden werden. Vielmehr zeigt sich ein lebendiger Missionsbegriff, der in verschiedenen persönlichen Missionskonzepten ausbuchstabiert wird. Unabhängig von der Herkunft, vom Beruf der Befragten hat das integrale Missionsverständnis eine bemerkenswerte Verbreitung. Auch beteiligen sich die Befragten an diversen kirchlichen Aktivitäten unabhängig vom eigenen Missionsverständnis, sodass anzunehmen ist, dass dieselben grundsätzlich als missionarische Tätigkeiten verstanden werden. Bedeutsam ist nicht, dass die Kirche missioniert. Was zählt, sind vielmehr die Absicht und der Ertrag ihrer missionarischen Tätigkeit. Mission ist ein kommunikatives Geschehen, ein permanenter Zustand von Kirche-Sein: „Mission ist keine Einbahnstraße. Mission geschieht von Menschen zu Menschen im Dialog miteinander."[11]

Das Ziel der „Missionsstudie 16" war, die gelebte Wirklichkeit als sogenannten locus theologicus zu erkunden. Das Leben und Erleben der Befragten, ihr Missionsverständnis hat für die Forschung als sogenannte „implizite Missionstheologie" einen hohen Stellenwert. Durch Anwendung sozialwissenschaftlicher Methoden konnten die „alternativen Wirklichkeitszugänge"[12] der Befragten erkannt werden, und die Erkenntnisse aufgrund einer theologischen Reflexion für die Entwicklung der „expliziten Missionswissenschaft" verwendet werden.[13] In diesem Sinne sind die Er-

---

Weiterführende Literatur:
Klara Csiszar, Missio-Logos. Beiträge über ein integrales Missionskonzept einer Kirche bei den Menschen, Regensburg 2020 (in Erscheinung)
Dies., Mission als Dauerzustand von Kirche-Sein und ihre praktisch-ekklesiologischen Konsequenzen, in: Studia UBB Theologica Catholica Latina LXII (2017), H. 1, 62–101.
Dies., Den Missionsbegriff mit dem Lehramt integral (neu) denken, in: Verbum SVD 57 (2016), H. 3–4, 292–309.

---

[11] Item Nr. 5, „Missionsstudie 16", mit bemerkenswerter Zustimmung von 90 % der Befragten. In Absoluten Zahlen bedeutet dies 926 Personen.
[12] Zur Bedeutung der empirischen Forschung als theologischer Erkenntnisquelle vgl. u. a.: *Christian Bauer*, Schwache Empirie?, in: Pastoraltheologische Informationen 33 (2013) H. 2, 81–117, hier: 90.
[13] Zur Reziprozität der „impliziten Theologie" und der „expliziten Theologie" vgl. *Klara A. Csiszar*, Das Angesicht der Erde erneuern. Kirchliche Entwicklung nach dem Kommunismus in Rumänien, Ostfildern 2018, 15.

gebnisse der Missionsstudie als eine empirisch-theologische Darstellung der mehrdimensionalen Komplexität des Missionsverständnisses der Gläubigen zu verstehen. Zweck dieses Beitrags ist es, den aktuellen, empirisch unterfütterten missionswissenschaftlichen Diskurs mit einer lebensnahen Theologie zu inspirieren.

Die Autorin: *Klara A. Csiszar, geb. 1981, Studien der katholischen Theologie und Germanistik in Cluj Napoca (Klausenburg), Konstanz und Wien, seit 2019 Professorin für Pastoraltheologie an der Katholischen Privat-Universität Linz; Publikationen: Megújult lendülettel. A szatmári jezsuiták története, Budapest 2015 (Mit erneuertem Schwung. Die Geschichte der Gesellschaft Jesu in Satu Mare. Die Geschichte der Jesuiten in Satu Mare); zus. mit Martin Hochholzer u. a. (Hg,), Mission 21. Das Evangelium in neuen Räumen erschließen, Regensburg 2017; Kirche in Liebesdynamik. Integrales Missionsverständnis mit praktischen Konsequenzen. Skizze einer existenzanalytischen Pastoraltheologie, in: Studia UBB Theologica Catholica Latina LXIII (2018), H. 2, 52–64; Das Angesicht der Erde erneuern. Die kirchliche Entwicklung in Rumänien nach dem Kommunismus, Ostfildern 2018.*

Michael Zugmann

„Ihr werdet meine Zeugen sein" (Apg 1,8)

Grundlegendes zur Mission im Neuen Testament

♦ Wie konnte sich nach der grausamen Hinrichtung Jesu bei den Aposteln und bei den Jüngerinnen und Jüngern eine Missionstätigkeit entwickeln? Was war die Botschaft, die sie in ihrer Umgebung und schließlich im ganzen römischen Reich verkündigen wollten? Auf diese Frage gibt Michael Zugmann anhand einer detaillierten Analyse von einschlägigen Stellen in den Evangelien, der Apostelgeschichte und den paulinischen Briefen eine klare Antwort, indem er aufzeigt, dass schon Jesus selbst die Apostel aussandte, den Anbruch des Reiches Gottes zu verkünden. Jesu Tod bedeutete aber nicht das Ende der Verkündigung, sondern die Erfahrung der Auferweckung Jesu drängte die Apostel und Jünger vielmehr dazu, die so beglaubigte Botschaft vom Reich Gottes in die Welt hinauszutragen. (Redaktion)

Christ ist erstanden, / Aus der Verwesung Schoß. / Reißet von Banden / Freudig euch los! / Tätig ihn Preisenden, / Liebe Beweisenden, / Brüderlich Speisenden, / Predigend Reisenden, / Wonne Verheißenden / Euch ist der Meister nah, / Euch ist er da!

(Faust I, 797–807)

Der Chor der Engel, den Goethes Faust in der Osternacht vernimmt, bringt auf den Punkt, wo Mission im Neuen Testament ihren Ausgang nimmt: Im Bekenntnis, dass Gott Jesus von den Toten auferweckt und damit seine Botschaft vom Reich Gottes bestätigt hat.

„Wenn die primäre Gottesaussage der nachösterlichen frühesten Gemeinde die war, daß sie Gott als den pries, der Jesus von den Toten auferweckte, dann identifizierte sie damit den von Jesus her ihr bekannten Gott nunmehr mit dem Gott, der den wegen seines Gottesbildes gekreuzigten Jesus auferweckt hatte. Auferweckung Jesu hieß in diesem Zusammenhang also: Der in Jesu Auferweckung erfahrene Gott sagt zu Jesu Gottesbild ja und läßt die Jünger sich verstehen als solche, die diesen Gott weitertragen sollen."[1]

Was Jesus zu verkündigen begonnen hat, will weitergetragen und verkündigt werden. Dementsprechend ist „Mission", obwohl kein biblischer Begriff,[2] doch der Sache nach in vielfältiger Weise in den neutestamentlichen Schriften präsent.

---

[1] *Jürgen Becker*, Das Gottesbild Jesu und die älteste Auslegung von Ostern, in: *Georg Strecker* (Hg.), Jesus Christus in Historie und Theologie (FS Hans Conzelmann), Tübingen 1972, 105–126, hier: 123.

[2] Der Begriff „Mission" wurde als christlicher terminus technicus im 16. Jh. von den Jesuiten geprägt und dient „heute als gängiger Begriff zur Kennzeichnung der kirchlich gelenkten weltweiten Ausbreitung des Christentums" (*Bernhard Lang*, Art. Mission, in: NHThG 3, 68).

1 Die Aussendung der Jünger vor Ostern

Dass die urchristliche Mission an Jesu Botschaft und Praxis anknüpft, führen zunächst die Überlieferungen von der vorösterlichen Aussendung der Jünger in den Evangelien vor Augen.[3] Schon die Einsetzung der Zwölf durch Jesus erfolgt, „damit sie mit ihm seien und damit er sie aussende, zu verkünden und mit Vollmacht Dämonen auszutreiben." (Mk 3,14f.) – Aus dem Mit-Sein mit Jesus und seinen Taten und Worten sollen sie lernen, um dann selbst seine Rolle übernehmen zu können. Noch deutlicher ist das in der Aussendung der Zwölf (Mk 6,6b–13; Mt 10,1.5–14; Lk 9,1–6) und der 72 Jünger (Lk 10,1–16)[4], die drei Aufträge erhalten: (1) *Verkünden*: Die Jünger schließen sich Jesu Verkündigung an, dass die Zeit erfüllt und Gottes basileia nahe ist (Mk 1,14f.). Am Anfang jeder Mission steht also Jesu Evangelium vom Reich Gottes: „[…] der Herr Jesus machte den Anfang seiner Kirche, indem er frohe Botschaft verkündete, nämlich die Ankunft des Reiches Gottes […]."[5] (2) *Dämonen austreiben*: Dieser Auftrag ist verbunden mit der Zusage, dass die Jünger wie Jesus an der göttlichen Vollmacht bzw. Wirkkraft (*exousia*) partizipieren. (3) *Kranke heilen* (Mt 10,8: Tote erwecken!): Wie für Jesus sind für seine Jüngerinnen und Jünger Exorzismen und Heilungen, Erfahrungen des Heils und konkreter Heilung, Realsymbole des angebrochenen Gottesreiches.[6] Die drei Aufträge sind mit dem Aufruf zu Mittellosigkeit und sozialer Wehrlosigkeit verbunden: Die Jünger sollen kein Geld und keine Vorräte mitnehmen und „wie Schafe unter Wölfen" sein. Dadurch wird ihr Gottvertrauen offenbar und ihre Botschaft glaubwürdig. Das Bildwort von der Sendung der Arbeiter in die große Ernte (Mt 9,37 par. Lk 10,2) schließlich stellt die Aussendung der Jünger in einen hoffnungsvollen Horizont, ohne mögliche Ablehnung oder Verfolgung zu verschweigen.

2 Die „Missionsbefehle" des Auferstandenen

Noch bedeutsamer als die Überlieferungen von der vorösterlichen Aussendung der Jünger sind für die Begründung der christlichen Mission die Missionsbefehle[7], welche die Evangelien dem Auferstandenen zuschreiben. Ihnen liegt an der Kontinuität zwischen irdischem Jesus, Auferstandenem und dem Wirken der Jüngerinnen und Jünger.

---

[3] Vgl. *Klaus Haacker*, Sendung/Mission III, in: Theologisches Begriffslexikon zum NT, 1657–1666, hier: 1659f.

[4] Nach *Wolfgang Reinbold*, Propaganda und Mission im ältesten Christentum. Eine Untersuchung zu den Modalitäten der Ausbreitung der frühen Kirche (FRLANT 188), Göttingen 2000, 226–235, vermittelt Q 10,2–16 ein gutes Bild von der (nachösterlichen) Mission der Q-Gruppe durch wandernde Charismatiker.

[5] Zweites Vatikanisches Konzil. Dogmatische Konstitution über die Kirche „Lumen Gentium", Art. 5, zit. n. *Peter Hünermann* (Hg.), Die Dokumente des Zweiten Vatikanischen Konzils, Freiburg i. Br.–Basel–Wien 2012, 76.

[6] Vgl. *Angelika Strotmann*, Der historische Jesus. Eine Einführung (UTB), Stuttgart 2012, 128.

[7] Zum Überblick vgl. *Hans-Jürgen Findeis*, Missionsbefehl. I. Biblisch, in: LThK³ 7, 299; *Hubert Frankemölle*, Missionsbefehl. I. Neues Testament, in: RGG⁴ 5, 1302 f.

2.1 Matthäus: Mission erweitert den Kreis der Jesus-Jüngerinnen und -jünger weltweit

Mit dem in die Zukunft weisenden Manifest Jesu Mt 28,16–20[8] stellt Matthäus Mission und Kirche in die Kontinuität des Handelns Gottes an seinem Volk und der Geschichte Jesu. Dies zeigen die Situierung der Szene in Galiläa und der Verweis auf Jesu Vollmacht (*exousia*: Mt 7,29; 9,6; vgl. 11,27). Die Adressaten der Mission sollen Schüler (*mathetai*) Jesu werden, wie auch vorösterlich seine Anhängerinnen und Anhänger genannt wurden. Durch die Mission wird der Kreis der Jesus-Jüngerinnen und -Jünger erweitert; es werden Kirche gebaut und Gemeinden geschaffen:[9] „Wenn die Jünger die Menschen aus den Völkern ihrerseits zu Jüngern machen sollen, heißt das, dass sie in dieselbe Nähe zu Gott gelangen sollen wie sie selbst. Es gibt keine Jünger erster und zweiter Klasse. […] durch die Taufe erhalten alle Gläubigen vollen Anteil an der Gemeinschaft mit Gott […]."[10] „Lehrt sie, alles zu befolgen, was ich euch geboten habe" streicht die Weisungen des messianischen Lehrers Jesus heraus. „Mission heißt ‚lehren', also das weiterführen, was der einzige Lehrer Jesus für seine Jünger tat. Inhalt der Missionsverkündigung sind die Gebote Jesu."[11] Mt 28,20 schließt mit der Zusage des dauernden Mit-Seins Jesu. Der Irdische wie der Auferstandene ist Immanuel: „Gott mit uns" (Mt 1,23). „Seine Hilfe, seine Macht, seine Gebote und seine Lehre sind fortwährend Grundlage des Lebens."[12] – Bei all den Kontinuitätsfaktoren ist die Diskontinuität umso auffälliger. Jesu Vollmacht ist nach seiner Auferstehung entschränkt über Himmel und Erde. Der Missionsbefehl ist eine Wende: Gegenüber der bisherigen Beschränkung der Mission auf Israel (Mt 10,5; 15,21–28; 19,28) ist nach Ostern die universale Sendung der Jünger zu den Weltvölkern Programm.[13]

2.2 Lukas: Gottes Heilsplan erfüllt sich in der Verkündigung des Heils an alle Völker

Wie Mt 28,16–20 betont auch das lukanische Doppelwerk mit den Scharnierstücken Lk 24,36–49 und Apg 1,1–11 die Kontinuität zwischen irdischem Jesus, Auferstandenem und dem Wirken der Jüngerinnen und Jünger und die Mission unter allen Völkern. Ein besonderer Aspekt ist bei Lukas die heilsgeschichtliche Sicht der Mission. In der Verkündigung des Heils an alle Völker kommt das Heilsgeschehen zu seiner Erfüllung.

2.2.1 Lk 24,36–49 hebt die Kontinuität zwischen irdischem und auferstandenem

---

[8] Vgl. *Jürgen Roloff*, Die Kirche im Neuen Testament (GNT 10), Göttingen 1993, 144–146.
[9] Vgl. *Joachim Gnilka*, Das Matthäusevangelium. II. Teil (HThK I/2), Freiburg i. Br.–Basel–Wien 1988, 509 und 511.
[10] *Thomas Söding*, Kommt zu mir. Die Botschaft des Matthäusevangeliums, Stuttgart–Maria Laach 2016, 175; zur Kirche als „Jüngerschaft" bei Matthäus vgl. *Jürgen Roloff*, Die Kirche im Neuen Testament (s. Anm. 8), 154–157.
[11] *Ulrich Luz*, Die Jesusgeschichte des Matthäus, Neukirchen-Vluyn 1993, 157.
[12] Ebd.; vgl. *Joachim Gnilka*, Das Matthäusevangelium. II. Teil (s. Anm. 9), 510f. vgl. *Jürgen Roloff*, Die Kirche im Neuen Testament (s. Anm. 8), 155: „dynamische Gegenwart Jesu".
[13] Vgl. *Ulrich Luz*, Die Jesusgeschichte des Matthäus, 156f.; *Jürgen Roloff*, Die Kirche im Neuen Testament (s. Anm. 8), 146. – Der Missionsbefehl des kanonischen Markusschlusses (Mk 16,15), der ebenfalls die universale Sendung der Jünger hervorhebt, setzt Mt 28,16–20 voraus.

Jesus mit Hinweis auf seine „leibliche Identität" (V. 36–43) und die Identität der Botschaft hervor (V. 44–49).[14] Diese Kontinuität ist eingebettet in ein größeres Kontinuum: den Heilswillen Gottes, der in Israels Schriften zum Ausdruck kommt und sich in Leiden und Auferstehung Christi erfüllt. Mehr noch – und das ist für unseren Zusammenhang bemerkenswert: „Das Heilsgeschehen, von dem die Schrift spricht, kommt […] nicht etwa schon mit Tod und Auferstehung des Messias zum Abschluss, sondern erst mit der Verkündigung des Heils an alle Völker (V. 47)."[15] Lukas ordnet Mission in einen heilsgeschichtlichen Zusammenhang ein: Gottes Heilswille kommt dadurch ans Ziel, dass das Evangelium alle Völker zur Umkehr (*metanoia*) ruft und durch solch umfassende Neuorientierung Vergebung der Sünden, d. h. ein intaktes Gottesverhältnis ermöglicht. Die Verse 44–47 sind kein expliziter Missionsbefehl – „alles muss in Erfüllung gehen" (V. 44) weist auf das Entscheidende: die göttliche Initiative. Der eigentliche Missionsbefehl ist denn auch denkbar kurz (V. 48): „Ihr seid Zeugen dafür." Die Apostel waren „von Anfang an Augenzeugen und Diener des Wortes" (Lk 1,2), verlässliche Zeugen des christlichen Kerygmas.[16] Sie „sollen jetzt Zeugnis ablegen für das in Jesus erschienene Heil und sollen es durch ihre Predigt allen Völkern zugänglich machen."[17] Das ist nur mit der Kraft aus der Höhe möglich, die Jesus ankündigt (V. 49). Die Gabe des Geistes (Apg 2) als Agens der Mission kommt in den Blick.

2.2.2 Apg 1,1–11 schließt an die heilsgeschichtliche Perspektive des Lukasevangeliums an und spannt räumlich und zeitlich den Horizont der Mission und Kirche auf. Das Vorwort Apg 1,1–3 verweist auf das erste Buch, auf alles, „was Jesus anfing zu tun und zu lehren"[18]. Damit wird deutlich, dass es auch im zweiten Buch – der Apostelgeschichte – darum geht, was Jesus als der Auferstandene tut und lehrt, dass er immer noch am Werk ist, und zwar durch seine Apostel. Apg 1,2–8 drückt das vielfältig aus: Jesus erwählte die Apostel durch den Geist und gab ihnen Weisung, erschien ihnen als der Lebendige und knüpfte – ein besonderer Kontinuitätsfaktor – an seiner Reich-Gottes-Botschaft an.[19] Wie in Lk 24,47–49 kündigt Jesus den Aposteln die Kraft des Heiligen Geistes an, damit sie seine Zeugen sein können. Als sie nach der Wiederherstellung Israels fragen, weitet Jesus den Blick auf ihre Zeugenschaft „bis an die Grenzen der Erde". Wie Lk 24,47 von der Verkündigung an alle Völker spricht, spannt der Missionsbefehl Apg 1,8 den Horizont bis ans Ende der Welt, es ist also „von vornherein die Heilsbezeugung für die Heiden mit im Blick"[20]. Dass auch der zeitliche, ja eschatologische Horizont anklingt, wird in Apg 1,9–11 deutlich. Selbst

---

[14] *François Bovon*, Das Evangelium nach Lukas. 4. Teilband (EKK III/4), Neukirchen-Vluyn–Düsseldorf 2009, 576 f. und 585 f.

[15] *Helmut Merklein*, Stuttgarter Neues Testament, Stuttgart 2000, 177; vgl. *François Bovon*, Das Evangelium nach Lukas (s. Anm. 14), 577 f. und 593 f.

[16] Vgl. *François Bovon*, Das Evangelium nach Lukas (s. Anm. 14), 594 f.

[17] *Helmut Merklein*, Stuttgarter Neues Testament (s. Anm. 15), 177.

[18] So die wörtliche Übersetzung, etwa im Münchener Neuen Testament. Die Einheitsübersetzung, leider auch in ihrer Revision 2016, verunklärt den Satz zu „was Jesus von Anfang an getan und gelehrt hat".

[19] Vgl. *Rudolf Pesch*, Die Apostelgeschichte. 1. Teilband (EKK V/1), Düsseldorf u. a. ³2005, 60–63.

[20] Ebd., 69.

in der Erfahrung der Diskontinuität, nach Jesu Hinaufnahme in den Himmel, vermitteln zwei Deuteengel Kontinuität: Jesus wird „[…] wiederkommen, wie ihr ihn habt zum Himmel hingehen sehen". Wie er auf Wolken in den Himmel ging, so wird er auf Wolken – als der Menschensohn (vgl. Dan 7,13–14) – am Ende der Welt wiederkommen. Wie Jesu Himmelfahrt den Beginn der Mission markiert, so seine Wiederkunft den Endpunkt. Ein zeitlicher Horizont wird aufgespannt: Die Zeit der Kirche als Zeit der kontinuierlichen Zeugenschaft für den Auferstandenen, der durch den Geist in den Seinen am Werk ist.[21]

2.3 Johannes: Der Auferstandene überträgt seine Sendung an die Jüngerinnen und Jünger

Auch das Johannesevangelium kennt einen Missionsbefehl (Joh 20,19–23): Am Osterabend kommt Jesus in die Mitte der Jünger, die hinter verschlossenen Türen sitzen. Er überwindet die Barrieren der Angst und Trauer, gibt sich zu erkennen und schenkt den Seinen bleibend Frieden und Freude.[22] Sein Missionsauftrag „Wie mich der Vater gesandt hat, so sende ich euch" (Joh 20,21) gewinnt durch die Verbindung mit der johanneischen Sendungschristologie hohes theologisches Gewicht: Die Jüngerinnen und Jünger sind vom Auferstandenen gesandt, wie er vom Vater gesandt ist. In johanneischer Sprache wird Kontinuität zwischen dem Wirken Jesu und dem seiner Gesandten ausgedrückt. Jesus „überträgt seine Sendung an die Jünger und stärkt sie dafür mit dem Heiligen Geist. Dass der Geist durch Anhauchen übertragen wird, […] erinnert […] an das Einblasen des Lebensatems bei der Schöpfung. Der Geist, den Jesus gibt, ist die Kraft des ewigen göttlichen Lebens."[23] In dieser Kraft sollen die Jünger Jesus „in der Welt präsent machen und sein Heilswirken fortsetzen"[24]. Als Repräsentanten Jesu haben sie die Vollmacht der Sündenvergebung, d. h. der Zuwendung des Heils, das Jesus gewirkt hat.[25]

3 Die Entwicklung zur Heidenmission nach der Apostelgeschichte

3.1 Heidenmission als Aspekt der Diskontinutität – und doch legitim

Wie sich zeigte, ist das Anliegen der Missionsbefehle, Kontinuität zwischen Jesu Wirken und dem seiner Gesandten aufzuweisen. Umso mehr fällt ein Aspekt der Diskontinuität auf: Wenn Jesus sich, von Ausnahmen abgesehen (v.a. Mk 5,1–20; 7,24–30 parr.; 7,31–37), mit seiner Mission nur an Israel wandte, wie kommt es, dass der Auferstandene die Seinen beauftragt, zu allen Völkern zu gehen? Die Erklärung dafür ist, dass die Missionsbefehle durchsichtig für nachösterliche Erfahrungen sind, die der Abfassung der Evangelien 80–90 n. Chr. vorangingen: Sie setzen „die bereits Faktum gewordene ‚heiden'-missionarische Öffnung der neutestamentli-

---

[21] Vgl. ebd., 72–75.
[22] Zu den zahlreichen Parallelen von Joh 20,19–23 mit Lk 24,36–49 vgl. *François Bovon*, Das Evangelium nach Lukas (s. Anm. 14), 580–582.
[23] *Joachim Kügler*, Eine wortgewaltige Jesus-Darstellung. Das Johannesevangelium, Stuttgart 2012, 177.
[24] *Rudolf Schnackenburg*, Das Johannesevangelium. III. Teil (HThK IV/3), Freiburg i. Br.–Basel–Wien 1975, 385.
[25] Vgl. ebd., 389.

chen Gemeinde [...] voraus. Theologisch wird das nachösterliche heilshafte Wirken der Gemeinde von der Vollmacht des Auferstandenen und der Bemächtigung durch den Geist abgeleitet."[26]

Es lohnt sich nachzuzeichnen, wie die Apostelgeschichte aus der Perspektive der dritten christlichen Generation „für die theologische Legitimität des Heidenchristentums" und der Heidenmission plädiert, indem sie „auf den Weg zurückblickt, den Gott die Kirche geführt hat"[27]. Vom Gedanken der Kontinuität der Heilsgeschichte ausgehend, entfaltet Lukas eine reflektierte narrative Theologie der Mission.

3.2 Pfingsten: Die Sendung des Geistes als Voraussetzung der Mission

Der Geist als „Ersatz für die leibliche Gegenwart des Geistträgers Jesus" ist im Konzept der Apostelgeschichte die bestimmende Wirklichkeit der Kirche. Er ermöglicht prophetische Rede, d. h. Zeugnis von Jesus, und bestimmt den Weg der Kirche an kritischen Wendepunkten.[28] Die Geistsendung zu Pfingsten (Apg 2) erfüllt alttestamentliche Verheißungen (Joel 3,1–5; Jes 32,14f.; Ez 36,26): Das für Israel angekündigte erneuerte Gottesverhältnis mit seiner unmittelbaren Nähe zu Gott ist verwirklicht. Es kann nicht auf die kleine Gruppe der Jesusjünger beschränkt bleiben: „Es greift aus nach dem *gesamten Gottesvolk* und, darüber hinaus, auf die jetzt noch außerhalb Israels stehenden *Heiden*. Die Apostelgeschichte beschreibt deshalb den mit Pfingsten einsetzenden Prozeß der sichtbaren Sammlung des Gottesvolkes als ein Geschehen, das in zwei Phasen [...] abläuft: der *Sammlung Israels* folgt die *Sammlung der Heiden*."[29]

3.3 Die Sammlung Israels mit dem Umkehrruf zum Messias Jesus

Die Sammlung Israels schildert Lukas in Apg 2–6. Sie nimmt mit in Jerusalem wohnenden Diasporajuden (Apg 2,5) ihren Anfang, deren Herkunft die Völkerliste nennt (2,9–11).[30] Sie erscheinen als Vertreter des über viele Weltgegenden verbreiteten Judentums, vorausschauend auch als Repräsentanten der Weltvölker. Die Predigten des Petrus zu Pfingsten (2,14–36), am Tempelplatz (3,12–26) und vor dem Hohen Rat (4,9–12; 5,29–32) sind Umkehrpredigten an die Angehörigen seines Volkes mit einem dreiteiligen Schema:[31] Der Unheilstat der Tötung Jesu wird die Heilstat seiner Auferweckung durch Gott gegenübergestellt[32] und daraus folgend die

---

[26] *Hans-Jürgen Findeis*, Missionsbefehl, in: LThK³ 7, 299; vgl. ausführlich *Wolfgang Reinbold*, Propaganda und Mission im ältesten Christentum (s. Anm. 4), 272–278.

[27] *Jürgen Roloff*, Die Kirche im Neuen Testament (s. Anm. 8), 205.

[28] Vgl. ebd., 207–209 („Kirche unter der Leitung des Geistes").

[29] Ebd., 200 (Hervorhebungen im Original).

[30] *Michael Zugmann*, „In Jerusalem aber wohnten Juden, fromme Männer aus allen Völkern" (Apg 2,5). „Rücksiedler" aus der Diaspora in der Heiligen Stadt im 1. Jh. n. Chr., in: *Franz Gruber* u. a. (Hg.), Geistes-Gegenwart. Vom Lesen, Denken und Sagen des Glaubens (FS Peter Hofer, Franz Hubmann, Hanjo Sauer) (Linzer Philosophisch-Theologische Beiträge 17), Frankfurt a.M. u. a. 2009, 137–150.

[31] Vgl. *Rudolf Pesch*, Die Apostelgeschichte (s. Anm. 19), 42–45 zu den Reden der Apg, bes. den Judenmissionspredigten. Das Schema schließt an die deuteronomistische Tradition an, die Israel zur Umkehr auffordert.

[32] Vgl. *Ludger Schenke*, Die Kontrastformel Apg 4,10b, in: BZ 26 (1982), 1–20.

Möglichkeit der Umkehr eröffnet: „Diese besteht in der Einsicht, daß Gott das Unheilshandeln des Volkes, das zur Kreuzigung Jesu führte, durch sein Eingreifen zum Heil gewendet hat, indem er Jesus von den Toten auferweckte und zum messianischen Herrscher Israels in der Nachfolge Davids einsetzte (2,23–34)."[33] Lukas erzählt, dass – abgesehen von den Anführern – wesentliche Teile Israels dem Umkehrruf folgten (2,41; 4,4; 5,14; 6,1.7). So repräsentiert „die Jerusalemer Urgemeinde am Ende ihrer Gründungsphase [...] die Erfüllung der Verheißung der Erneuerung Israels [...]"[34].

3.4 Die Sammlung der Heiden – wichtige Etappen der Heidenmission

Nachdem die Phase der Sammlung Israels in Jerusalem für Lukas zu einem gewissen Abschluss gekommen ist, schildert er ab Apg 6,1 ausführlich die Sammlung der Heiden und plädiert damit im Rückblick für die Legitimität der Heidenmission.

3.4.1 Die Hellenisten: Wegbereiter der Heidenmission

Die Hellenisten waren Rückwanderer aus der griechischsprachigen Diaspora, die sich in Jerusalem der Urgemeinde anschlossen.[35] Nach dem Martyrium des Stephanus wurden sie in verschiedene Regionen zerstreut (8,1b–4) und missionierten Randsiedler des Judentums: Philippus wandte sich mit seiner Mission an die Samaritaner (8,5–13) und an einen Sympathisanten des Judentums aus Äthiopien (8,26–40). Einige Hellenisten kamen nach Antiochia, wo sie Juden, aber auch anderen Hellenisten, d.h. griechisch sprechenden heidnischen Einwohnern, das Evangelium verkündeten (11,19f.).[36] So begann in Antiochia die Heidenmission, ja die Gemeinde wurde zu ihrem Zentrum, wo auch Paulus einige Jahre wirkte (11,25f.).[37] Fragt man nach dem theologischen Grund, warum sich die Hellenisten mit ihrer Mission Heiden zuwandten, findet man in der Anklage gegen Stephanus den entscheidenden Hinweis. Es heißt dort, er habe Kritik an Tempel und Gesetz geübt (Apg 6,13f.).[38] Als Hintergrund dieser Kritik ist die Überzeugung der Hellenisten anzunehmen, dass nicht mehr Tempel und Tora Heil vermitteln, sondern Jesus durch seinen Sühnetod der entscheidende Heilsmittler, Ort der Gegenwart Gottes und Zeichen seiner Bundestreue ist und das Ostergeschehen den endzeitlichen Tempel der Jesusgemeinschaft konstituiert. Entscheidend ist nun für Juden und Nichtjuden, sich im Glauben Jesus anzuschließen.[39]

---

[33] *Jürgen Roloff*, Die Kirche im Neuen Testament (s. Anm. 8), 200.
[34] Ebd.
[35] Vgl. *Michael Zugmann*, „Hellenisten" in der Apostelgeschichte. Historische und exegetische Untersuchungen zu Apg 6,1; 9,29; 11,20 (WUNT II/264), Tübingen 2009, 1–3 und 271–309.
[36] Vgl. ebd., 4–8 und 57–73; kritisch zur Historizität der Mission der Hellenisten *Wolfgang Reinbold*, Propaganda und Mission im ältesten Christentum (s. Anm. 4), 241–252.
[37] Vgl. *Ludger Schenke*, Die Urgemeinde. Geschichtliche und theologische Entwicklung, Stuttgart u.a. 1990, 317–347.
[38] Vgl. *Michael Zugmann*, „Hellenisten" in der Apostelgeschichte (s. Anm. 35), 315–325.
[39] Vgl. ebd., 333–357.371–377.399; *Wolfgang Kraus*, Zwischen Jerusalem und Antiochien. Die „Hellenisten", Paulus und die Aufnahme der Heiden in das endzeitliche Gottesvolk (SBS 179), Stuttgart 1999.

3.4.2 Petrus: Heidenmission als „Chefsache"

Für den Beginn der Heidenmission spielt in der Apostelgeschichte neben den Hellenisten Petrus die entscheidende Rolle. Für Lukas ist er sogar der erste Heidenmissionar, vor der Ankunft der Hellenisten in Antiochia. Petrus tauft den römischen Hauptmann Kornelius, der gottesfürchtig, d. h. Sympathisant des Judentums ist (Apg 10,1–11,18).[40] Eindrucksvoll führt die Erzählung die Legitimität der Heidenmission vor Augen: Die „göttliche Regie" zeigt sich in Visionen, die Petrus und Kornelius zusammenführen, und in der Sendung des Geistes auf Kornelius und seine Angehörigen, noch bevor Petrus sie tauft. Als Petrus das alles der Gemeinde in Jerusalem berichtet, bricht sich auch dort die Einsicht Bahn, dass Gott „den Heiden die Umkehr zum Leben geschenkt" habe (11,18).

3.4.3 Paulus: „Auserwähltes Werkzeug" der Heidenmission

Nach dem „Pfingsten der Heiden", dem Geistempfang des Kornelius und seiner Familie (Apg 10,44–47), „kann die Heidenmission beginnen, wie nach dem Pfingsten in Jerusalem die Judenmission begonnen hatte"[41]. Der Protagonist steht schon bereit: Apg 9 hatte die Bekehrung des Paulus vom Christenverfolger zum Christusverkündiger und seine Berufung zum auserwählten Werkzeug Gottes erzählt, der seinen Namen „vor Völker und Könige und die Söhne Israels tragen" solle (9,15). Paulus wird dieser Berufung gerecht: Er ist im Auftrag der antiochenischen Gemeinde, dann als selbstständiger Missionar unterwegs. Nach der Apostelgeschichte predigt er immer zuerst in den Synagogen. Als er dort auf Abweisung und Widerstand stößt, wendet er sich den Heiden zu (vgl. Apg 13,46), die sich freuen (13,48), dass Gott ihnen die Tür des Glaubens öffnet (14,27).[42] Die Hinwendung zu den Heiden bedeutet, dass Paulus – wie die Missionspredigt in Lystra (14,15–17) und die Areopagrede (17,22–31) zeigen – zuerst zum Glauben an den einen Gott und Schöpfer hinführen muss, bevor er die Christusverkündigung entfalten kann.[43]

3.4.4 Das Aposteltreffen: Anerkennung der gesetzesfreien Heidenmission

Durch die paulinische Heidenmission, wie sie mit der ersten Missionsreise (Apg 13–14) ihren Ausgang nahm, kam es zu einer Konsolidierung heidenchristlicher Gemeinden. Dadurch wurde die „grundsätzliche Anerkennung einer gesetzesfreien Heidenmission und eines nicht mehr an die jüdischen Kult- und Speisegesetze ge-

---

[40] Vgl. *Rudolf Pesch*, Die Apostelgeschichte (s. Anm. 19), 335 f. *Wolfgang Reinbold*, Propaganda und Mission im ältesten Christentum (s. Anm. 4), 55–65 plädiert hier für einen historischen Kern; zu den „Gottesfürchtigen" vgl. *Michael Zugmann*, „Hellenisten" in der Apostelgeschichte (s. Anm. 35), 195–199.

[41] *Rudolf Pesch*, Die Apostelgeschichte (s. Anm. 19), 347.

[42] Vgl. *Jürgen Roloff*, Die Kirche im Neuen Testament (s. Anm. 8), 202 und 206; kritisch: *Wolfgang Reinbold*, Propaganda und Mission im ältesten Christentum (s. Anm. 4), 174–182. Die Kehrseite sind Aussagen der Apg über Israels Verstockung (28,26 f.; vgl. Jes 6,9 f.) und das Gericht über Israel (z. B. 13,40). Lukas scheint nicht die heilsgeschichtliche Hoffnungsperspektive des Paulus im Blick auf Israel (Röm 11) geteilt zu haben.

[43] Vgl. *Michael Zugmann*, Missionspredigt in nuce. Studien zu 1 Thess 1,9b–10, Linz 2012, 15–25, bes. 21–24.

bundenen Lebens der Christen notwendig […]"⁴⁴. Beim *Aposteltreffen* (Apg 15) heißen die Jerusalemer Autoritäten die Einbeziehung von Heiden in die Kirche *als Heiden* gut, d. h. ohne vom Judentum geforderten Verpflichtungen, vor allem ohne Beschneidung. Die Jakobusrede fasst programmatisch die Mission aus lukanischer Sicht zusammen (15,13–18): Es ist Gottes Heilsplan, nach der Aufrichtung der verfallenen Hütte Davids (vgl. Am 9,11 f.), d. h. nach der Sammlung Israels, aus den Heiden ein Volk für seinen Namen zu gewinnen.⁴⁵ Deshalb soll man den Heiden, die sich bekehren, keine Lasten aufbürden. Die Jakobusklauseln (15,20) nennen nur rituelle Minimalforderungen, welche die Tisch- und Lebensgemeinschaft von Juden- und Heidenchristen ermöglichen sollen. Nicht zufällig steht das Apostreffen in der Mitte der Apostelgeschichte, denn es bedeutete eine Weichenstellung für die Heidenmission. Es ging um „das Zentrum der christlichen Botschaft […], daß die Menschen durch nichts anderes als ‚durch die Gnade des Herrn Jesus gerettet werden' (V 11)"⁴⁶.

4 Paulus: Ein Heidenmissionar in Selbstzeugnissen

Während die Apostelgeschichte über die frühchristliche Mission aus der Perspektive der dritten christlichen Generation erzählt, haben wir in den Paulusbriefen Selbstzeugnisse eines der frühesten christlichen Missionare vor uns. Ein Blick in drei seiner Briefe soll exemplarisch zeigen, wie er seine Rolle als Missionar sieht, welche Inhalte ihm wichtig sind und wie er Mission betreibt.⁴⁷

4.1 Galaterbrief: Berufen, Gottes Sohn unter den Völkern zu verkünden

Im Galaterbrief erzählt Paulus, wie er durch die Christusvision vor Damaskus vom Christenverfolger zum Missionar Christi wurde: „[…] Gott aber gefiel es, der mich schon im Mutterleib auserwählt und durch seine Gnade berufen hat, in mir seinen Sohn zu offenbaren, damit ich ihn unter den Völkern verkünde." (Gal 1,15 f.) – Der Apostel sieht sich wie Jeremia (Jer 1,5) und der jesajanische Gottesknecht (Jes 49,5 f.) von Mutterleib an zum Propheten bzw. Licht für die Völker berufen. Gott selber hat in ihm seinen Sohn „enthüllt" (*apokalyptein*), ihm die tiefe christologische Einsicht vermittelt, dass Jesus, der Gekreuzigte und Auferweckte, Gottes Sohn ist. Ihn soll Paulus den Heiden (Nichtjuden) als gute Nachricht verkünden (*euangelizein*) (vgl. Gal 2,9).⁴⁸ Für die Adressaten seiner Mission ist entscheidend, diese neue Offenbarung Gottes in Christus anzunehmen, wie Abraham zu glauben, Gott zu vertrauen, sei-

---

⁴⁴ *Alfons Weiser*, Die Apostelgeschichte. 2. Teil (ÖTBK 5/2), Gütersloh–Würzburg 1985, 365. Einen Überblick zu Apg 15; Gal 2 bietet *Markus Öhler*, Geschichte des frühen Christentums (UTB), Göttingen 2018, 195–210.

⁴⁵ Vgl. *Jürgen Roloff*, Die Kirche im Neuen Testament (s. Anm. 8), 203.

⁴⁶ *Alfons Weiser*, Die Apostelgeschichte (s. Anm. 44), 365.

⁴⁷ Zu den Aspekten der Zentrums- und der Mitarbeitermission, die hier nicht mehr ausführlich behandelt werden können, vgl. *Wolfgang Reinbold*, Propaganda und Mission im ältesten Christentum (s. Anm. 4), 212–224.

⁴⁸ Vgl. *Peter Wick*, Paulus (utb basics), Göttingen 2006, 37–41; *Franz Mußner*, Der Galaterbrief (HThK IX), Freiburg i. Br.–Basel–Wien 1974, 80–82 und 87 f.; *Wolfgang Reinbold*, Propaganda und Mission im ältesten Christentum (s. Anm. 4), 164–168.

nem Walten Raum zu geben (vgl. 3,6–18).⁴⁹ „Werke des Gesetzes" hingegen – Identitätsmerkmale des Judentums wie Beschneidung, Sabbatgebot und Speisevorschriften⁵⁰ – sind nicht notwendig, um gerecht zu sein, also im rechten Verhältnis zu Gott zu stehen: „Wir wissen, dass der Mensch nicht aus Werken des Gesetzes gerecht wird, sondern aus dem Glauben an Jesus Christus." (2,16) Diesen „Glauben an den Sohn Gottes, der mich geliebt und sich für mich hingegeben hat" (2,20), und die bleibende Verbindung mit Christus (In-Christus-Sein: 3,28) legt der Missionar Paulus seinen Gemeinden in Galatien ans Herz.

4.2 Erster Thessalonicherbrief: Missionspredigt, kurzgefasst im Rückblick

Der erste Thessalonicherbrief, die älteste Schrift des Neuen Testaments (um 50 n. Chr.), gibt Einblick, wie Paulus seine Missionsverkündigung an Heiden begann und als Missionar in der Gemeinde wirkte. In der Eingangsdanksagung blickt er zurück auf seine Missionspredigt (1 Thess 1,9b–10): „Ihr habt euch von den Götzen zu Gott bekehrt, um dem lebendigen und wahren Gott zu dienen und seinen Sohn vom Himmel her zu erwarten, Jesus, den er von den Toten auferweckt hat und der uns dem kommenden Zorn entreißt." Unschwer sind hier zwei Stufen der Missionsverkündigung erkennbar, die natürlich eng miteinander verbunden waren: (1) In der polytheistischen Umwelt stand zunächst eine Hinführung zum Monotheismus am Programm, verbunden mit Polemik gegen die „Götzen" und dem Ruf zur Umkehr zu dem einen Gott. Diese monotheistische Propädeutik knüpfte an ein apologetisch-missionarisches Schema des hellenistischen Diasporajudentums an. (2) Darauf baute die Verkündigung Jesu Christi als des Sohnes Gottes auf. Wichtige Bekenntnistraditionen wie die Auferweckungsformel und die Erwartung der Wiederkunft Christi als des Retters aus dem Gericht kamen Paulus aus der Gemeinde von Antiochien zu und wurden von ihm weiterentwickelt.⁵¹ – Die Dankbarkeit des Paulus für seine Gemeinde zeigt, dass seine Missionspredigt Erfolg hatte. Gründe dafür waren der Zug zum Monotheismus in der damaligen hellenistisch-römischen Welt und die Attraktivität des Kerygmas vom Gottessohn und Retter, nicht zuletzt aber auch das Engagement des Apostels und sein gutes Verhältnis zur Gemeinde.⁵² In 2,1–12 schreibt Paulus, dass er das Evangelium mit Gottvertrauen und freimütig verkündet habe und für ihn nicht unlautere Absichten, Schmeichelei, Habgier oder Ehrgeiz leitend gewesen seien. Er sei der Gemeinde freundlich begegnet und habe gearbeitet, um keinem zur Last zu fallen. Besonders berührend ist, dass Paulus seine Sorge um die Gemeinde mit der Sorge einer Mutter und eines Vaters um ihre Kinder vergleicht: „Wir wollten euch nicht nur am Evangelium Gottes teilha-

---

⁴⁹ Vgl. *Franz Mußner*, Der Galaterbrief (s. Anm. 48), 214, mit Verweis auf Gerhard von Rad.
⁵⁰ Vgl. *Peter Wick*, Paulus (s. Anm. 48), 187 f., mit Hinweis auf *James D. G. Dunn*, The New Perspective on Paul, in: ders., Jesus, Paul, and the Law. Studies in Mark and Galatians, Louisville 1990, 183–214.
⁵¹ Vgl. *Michael Zugmann*, Missionspredigt in nuce (s. Anm. 43), 1–42, sowie den motivgeschichtlichen Kommentar ebd., 43–153.
⁵² Treffend übertitelt *Heinrich Schlier* seinen Kommentar zum 1 Thess mit „Der Apostel und seine Gemeinde" (Freiburg i.-Br.-Basel-Wien 1972).

ben lassen, sondern auch an unserem Leben; denn ihr wart uns sehr lieb geworden. [...] Jeden Einzelnen von euch haben wir ermahnt, ermutigt und beschworen zu leben, wie es Gottes würdig ist, der euch zu seinem Reich und zu seiner Herrlichkeit beruft." (2,8.12) Bei diesem herzlichen Verhältnis überrascht nicht, dass Paulus seine Gemeinde wiederzusehen wünscht (2,17), er seinen Mitarbeiter Timotheus sendet (3,2.5 f.) und mit seinem Brief bei der Gemeinde präsent sein möchte (5,27), um sie zu ermutigen und zu trösten.

4.3 Römerbrief: Das Evangelium als Kraft Gottes für alle Glaubenden

Der Römerbrief beschließt wie ein Vermächtnis des Apostels die Reihe seiner Briefe. An seinem Beginn fasst Paulus programmatisch sein Selbstverständnis zusammen: Er ist zum Apostel berufen, um das Evangelium Gottes von seinem Sohn Jesus Christus unter allen Völkern zu verkünden (Röm 1,1–5). Er will die Adressaten seiner Mission mit geistlicher Gnadengabe (*charisma pneumatikon*) beschenken, damit sie gestärkt werden (1,11). Für seinen Besuch in Rom wünscht er sich, dass die Gemeinde und er „miteinander Zuspruch empfangen (*sym-parakalein*: „Mitgetröstet-Werden") durch den gemeinsamen Glauben, euren und meinen" (1,12). Und Paulus ist überzeugt: Die Verkündigung des Evangeliums schuldet er allen, Menschen mit und ohne griechische Kultur und Sprache („Griechen und Barbaren"), Gebildeten und Ungebildeten (1,14). Denn das Evangelium „ist eine Kraft (*dynamis*) Gottes zur Rettung für jeden, der glaubt [...]" (1,16). Das Evangelium bezeugt nicht nur Gottes Heilsmacht – vielmehr wirkt Gott im Wort des Apostels: Es ist gleichsam „der verlängerte Arm Gottes; in ihm vollzieht sich Gottes Rettungshandeln durch Christus am Einzelnen [...]"[53]. Im Evangelium ist Gottes Heil in Jesus Christus gegenwärtig; durch das Evangelium werden die Glaubenden in das Christusgeschehen hineingenommen, und die Bewegung vom Tod zum Leben, die in Jesu Tod und Auferstehung heilvoll begonnen hat, ergreift sie. Diese Neuausrichtung des

---

Weiterführende Literatur:
Karl Kertelge (Hg.), Mission im Neuen Testament (QD 93), Freiburg i. Br.–Basel–Wien 1982. Eine nach wie vor lesenswerte Aufsatzsammlung, in der namhafte Autoren das Missionsverständnis der Evangelien, des Paulus und der Spätantike nachzeichnen.
Jürgen Roloff, Die Kirche im Neuen Testament (GNT 10), Göttingen 1993. Eine brillante, differenzierte Darstellung des Kirchenverständnisses der neutestamentlichen Schriften, die auch viele Einsichten zum Missionsverständnis, z. B. des Matthäus und Lukas, enthält.
Wolfgang Reinbold, Propaganda und Mission im ältesten Christentum. Eine Untersuchung zu den Modalitäten der Ausbreitung der frühen Kirche (FRLANT 188), Göttingen 2000. Reinbold geht Überlieferungen über Personen und Gruppen nach, die in der frühchristlichen Mission eine Rolle spielten, und zeigt die große Bandbreite der Modalitäten (Situationen, Orte, Adressaten, Methoden usw.) auf. Größte Bedeutung hatte seiner Meinung nach die Propaganda von „Privatleuten".

---

[53] *Dieter Zeller*, Der Brief an die Römer (RNT), Regensburg 1985, 42.

Lebens durch Gott beschreibt Paulus als „Gerechtigkeit Gottes" (1,17).[54]

Paulus selber hat das Evangelium als Kraft, Dynamik und Heilsbotschaft erfahren, welche die ganze Existenz betrifft und die rettet. Er nahm alle Strapazen seiner Missionsreisen auf sich (2 Kor 11,23–33) und wurde allen alles (1 Kor 9,19–23), um Zeuge dafür zu sein.

„Ihr werdet meine Zeugen sein" – das Wort des Auferstandenen (Apg 1,8) bewahrheitet sich überall dort, wo Jesu gute Nachricht von der nahen *basileia* Gottes weitergesagt und heilvoll erfahrbar wird, wo sich der Kreis der Jesus-Jüngerinnen und -Jünger weitet im Vertrauen auf den „Gott mit uns", wo die Jüngerinnen und Jünger Jesus in der Welt präsent machen und sein Heilswirken fortsetzen, wo Gottes Geist das Gottesverhältnis der Menschen erneuert und sie über alle Grenzen hinweg sammelt und wo Glaubende durch das Evangelium in das Christusgeschehen hineingenommen werden, und die Bewegung vom Tod zum Leben, die in Jesu Tod und Auferstehung begonnen hat, sie ergreift.

Der Autor: *Michael Zugmann, geb. 1972 in Linz, studierte Theologie in Salzburg und Linz. 2003–2019 Assistent bzw. Assistenzprofessor für Neues Testament an der KU Linz und Lehre an den Universitäten Mainz (2015/16), Wien (2018/19) und Regensburg (2019). Seit Oktober 2019 Leiter der Abteilung Liturgie und Kirchenmusik im Pastoralamt der Diözese Linz. Forschungsschwerpunkte: Paulus, 1. Thessalonicherbrief, lukanisches Doppelwerk, Geschichte des frühen Christentums. Monografien: Hellenisten in der Apostelgeschichte (WUNT II/264), Tübingen 2009; Missionspredigt in nuce. Studien zu 1 Thess 1,9b–10, Linz 2012. Seit 2010 Mitherausgeber der Zeitschrift „Studien zum Neuen Testament und seiner Umwelt" (SNTU); 2013–2018 Redaktionsmitglied der ThPQ.*

---

54 Vgl. *Udo Schnelle*, Paulus. Leben und Denken (deGruyter Lehrbuch), Berlin–New York 2003, 437 f.454–458.463–465.531.

Lutz E. von Padberg

Mission und Christianisierung im frühen Mittelalter

Einige grundsätzliche Aspekte

◆ Mission in der Zeit zwischen 500 und 1200 genügt sehr eigenen Gesetzmäßigkeiten und ist nur vor dem Hintergrund der damaligen kulturellen Situation einschließlich der sehr eigenen, noch längst nicht flächendeckenden kirchlichen Strukturen sowie des speziellen Herrschaftsverständnisses zu verstehen. Unser Autor macht deutlich, dass entgegen den Bildern, die viele Menschen heute noch von Mission im Mittelalter im Kopf haben, es beim Missionsgeschehen um keinen einmaligen Akt einer Zwangstaufe geht. Vielmehr ist die erstmalige Verkündigung des Evangeliums an „Heiden" erst der Auftakt zu einem längeren Geschehen des Hineinwachsens ins Christentum. (Redaktion)

1 Einführung

So hatten sich die Missionare im Jahre 1205 in Riga die Sache nicht vorgestellt. Mit einem Missionsspiel wollten sie die Livländer vom Christentum überzeugen und führten dazu spielerisch ein Ereignis aus dem Leben Gideons auf. Die szenische Darstellung biblischer Lehren erwies sich nach dem Bericht Heinrichs von Lettland (um 1188 bis nach 1259) jedoch als didaktische Fehlplanung. Denn als Gideons Streiter lebensecht auf die Midianiter losgingen, „begannen die Heiden aus Furcht, getötet zu werden, zu fliehen" und mussten mit freundlichen Worten zurückgeholt werden. Der Realismus der kriegerischen Szenen widersprach vollkommen den friedlichen Missionsbemühungen und eignete sich kaum als Einladung zum Glaubenswechsel, deshalb blieb das Konzept ‚Straßentheater im Missionseinsatz' Episode.[1]

Wie aber haben die Kirchenleute im frühen Mittelalter den paganen Völkern das Christentum nahegebracht? Welche Konzepte und Methoden haben sie angewandt? Welche Hilfsmittel standen ihnen zur Verfügung? Auf welche heidnischen Glaubensformen stießen sie und wie gelang es ihnen, das Christentum als die bessere Religion zu präsentieren? Diese und manch andere Fragen sind gar nicht so einfach zu beantworten.

Erstens muss man sich vergegenwärtigen, dass wir von weitläufigen geogra-

---

[1] *Heinrich von Lettland*, Livländische Chronik (Ausgewählte Quellen zur Deutschen Geschichte des Mittelalters 24), Darmstadt 1975, IX, 14, 45. Dazu *Reinhard Schneider*, Straßentheater im Missionseinsatz. Zu Heinrichs von Lettland Bericht über ein großes Spiel in Riga 1205, in: *Manfred Hellmann* (Hg.), Studien über die Anfänge der Mission in Livland (Vorträge und Forschungen, Sonderband 37), Sigmaringen 1989, 107–121.

fischen Räumen und langen chronologischen Phasen sprechen. Beginnend mit der Christianisierung der Franken im 5./6. Jahrhundert breitete sich die lateinisch geprägte römische Kirche in West- und Nordeuropa aus, getragen von angelsächsischen und fränkischen Missionaren. In Skandinavien stand die Annahme der neuen Religion in enger Verbindung mit dem Aufstieg der einigenden Königsmacht und zog sich bis ins 12. Jahrhundert hin, ebenso wie bei den Slawen und den baltischen Völkern. Den Abschluss bildete die Taufe des litauischen Großfürsten und Königs von Polen Jagiełło (1351–1434) am 15. Februar 1386. Es dauerte also fast 1000 Jahre, bis von Lissabon im Westen bis nach Reval im Osten, von Hólar auf Island bis nach Monreale auf Sizilien dasselbe Glaubensbekenntnis gesprochen wurde.[2] Erst im späten 14. Jahrhundert war Mission im mittelalterlichen Europa kein Thema mehr, vergessen die Kämpfe um den nützlicheren Kult und den mächtigeren Gott, abgelöst von den drohenden Konflikten zwischen unterschiedlichen Strömungen innerhalb des Christentums.

Zweitens ist der entscheidende Ausgangspunkt jedes Missionskonzeptes der Auftrag Jesu nach Mt 28,19. Ein allgemeiner Bekehrungsauftrag dieser Art war in der damaligen Zeit einmalig. Außerdem sollte der Auftrag zur Vermittlung der Heilsbotschaft an alle Menschen von allen Gläubigen wahrgenommen werden. Jeder Christ war gleichsam Missionar in seinem Lebensbereich, weshalb man auch von Gelegenheitsmission spricht. Das änderte sich im frühen Mittelalter. Mit der Verfestigung kirchlicher Strukturen wurde Missionar gewissermaßen zur Berufsbezeichnung, die Ausbreitung des christlichen Glaubens wurde zur vornehmlichen Aufgabe der Kirche, die diese mehr oder weniger systematisch anging, weshalb man von Planmission spricht.[3]

Drittens muss man sich vergegenwärtigen, dass es bei Mission im eigentlichen Sinne um die erste Begegnung von Christen und Heiden geht, die demzufolge erstmals das Evangelium verkündigt bekommen.[4] Diese Missionspredigt ist zu unterscheiden von der Unterweisungs- und Gemeindepredigt, die sich an Getaufte richtet. Ziel der Mission, und dafür benötigte man kein Konzept, ist immer die Taufe. Sie beinhaltet zugleich die Abgrenzung gegenüber anderen Religionen (Entpaganisierung) und die Einordnung in die Kirche als Institution (Christianisierung). Theoretisch verbindet sich mit der Hinwendung zum Christentum ein radikaler Bruch mit den bisherigen Kultur- und Lebensformen. Dabei ist freilich zu berücksichtigen, dass der Wandel der religiösen Vorstellungswelten des Einzelnen nie klar abgegrenzt vonstattengegangen sein dürfte, zumal bei Christen und Heiden in frühmittelalterli-

---

[2] Nicht berücksichtigt wird die Mission der orthodoxen Kirche. Der folgende Überblick basiert auf meinen zahlreichen Studien zum Thema, s. vor allem *Lutz E. v. Padberg*, Mission, Missionare, Missionspredigt, in: Reallexikon zur germanischen Altertumskunde 20, Berlin 2002, 81–89, und *ders.*, Christianisierung im Mittelalter, Darmstadt 2006, jeweils mit ausführlichen Literaturhinweisen. Alle hier angesprochenen Aspekte werden dort eingehend behandelt und belegt, sodass hier nur die nötigsten Nachweise genügen mögen.

[3] Vgl. die Beiträge in: *Knut Schäferdiek* (Hg.), Die Kirche des früheren Mittelalters (Kirchengeschichte als Missionsgeschichte II/1), München 1978.

[4] Ausführlich dazu *Lutz E. v. Padberg*, Die Inszenierung religiöser Konfrontationen. Theorie und Praxis der Missionspredigt im frühen Mittelalter (Monographien zur Geschichte des Mittelalters 51), Stuttgart 2003.

cher Zeit von einem weithin gleichen Denken auszugehen ist. Jedenfalls ist Mission ein umfassendes Verkündigungsgeschehen, dessen kommunikatives Beziehungsgefüge durchaus dramatische Formen annehmen konnte. Die grundsätzlich vom Sieg des Christentums ausgehenden kirchlichen Quellen haben das allerdings meist ebenso verschleiert wie die Lebendigkeit etwa des germanischen Polytheismus.

Viertens ist zu bedenken, wie die Kirche das Heidentum einschätzte. Das Bild der Quellen ist überraschend. Die Missionare hatten offenbar überhaupt kein Interesse an dem einzelnen Heiden, seinem Glauben, Leben und Denken. Der pagane Mensch war kein Subjekt, er war lediglich Missionsobjekt. Deshalb finden sich in der Überlieferung meist auch kaum nähere Hinweise auf deren gesellschaftliche und soziale Situation. Wenn überhaupt, dann klagten die Autoren über Götzendienst, Dämonenkult, Schnitzbilder und vor allem über gotteslästerliche Kultpraktiken. Weil diese jedoch stereotyp ständig wiederholt werden, stellt sich die Frage, ob solche Lasterkataloge überhaupt auf authentischen Informationen beruhen oder immer nur das wiederholen, von dem man meinte, dass Heiden so handeln würden.

Die Kirchenleute hatten also ein feststehendes Bild von den Heiden, genauer von ihrem Kult. Dass sie überhaupt nicht nach unterschiedlichen Ausprägungen der paganen Religion fragten, ist nach ihren theologischen Vorstellungen durchaus erklärbar. Denn die Kirche folgte dem euhemeristisch-dämonologischen Erklärungsmuster,[5] wonach der Polytheismus allein verstanden wurde aus dem Gegensatz zwischen der Herrschaft Gottes und dem Herrschaftsanspruch der Mächte, die zur Sünde und zum Abfall von Gott verführten. Ausgehend von der Dämonenlehre des Alten Testamentes sah man in den paganen Göttern menschliche Artefakte, die zu Göttern erhoben worden waren, gleichsam als Hülle für die teuflischen, den Menschen verführenden Dämonen. Deshalb war die Lage der Heiden aus Sicht der Christen mehr als beklagenswert. Sie waren, wie Aethelwulf (9. Jh.) es einmal drastisch formulierte, letztlich lebende Tote.[6] Aus Sicht der Christen konnte nur der durch die Taufe besiegelte Religionswechsel sie retten. Sehr überspitzt könnte man sagen, die Mission war ein Mittel zum Zweck, eben zur Überwindung der Dämonen, welche die Ausbreitung des Evangeliums behinderten.

Fünftens ist die enge Verquickung der Mission mit Herrschaftsstrukturen und politischen Interessen zu betonen. In der frühmittelalterlichen Welt des Polytheismus war der Herrscher verantwortlich für die Einhaltung der Kultregeln, hatte bisweilen sogar priesterliche Funktion. Wie selbstverständlich bestimmte er gemeinsam mit seiner Elite, was wie geglaubt werden sollte. Das gab ihm einerseits ungeheure Macht, band ihn andererseits aber auch an das Wohlwollen der Götter, für das er Sorge zu tragen hatte. Aufgrund dieser priestergleichen Stellung war es gar nicht anders denkbar, als dass die Glaubensboten bei dem jeweiligen Herrscher und seiner Machtelite ansetzten. Bei bleibender Möglichkeit zu individuellen Entscheidungen überwogen daher kollektive Taufen, was unter umgedeuteter Beibehaltung der Sakralverantwortung des Herrschers die Entstehung von partikularen Landes-

---

[5] *Gerd Wolfgang Weber*, Euhemerismus, in: Reallexikon der germanischen Altertumskunde 8, Berlin 1994, 1–16.
[6] *Aethelwulf*, De Abbatibus, hg. v. *Alistair Campell*, Oxford 1967, 45 f., 7.

kirchen sowie die Parallelität von Christianisierung und politischen Einigungsprozessen zur Folge haben konnte. So wurde es möglich, kriegerische Eroberungen mit dem sie rechtfertigenden Missionsauftrag zu verbinden. Andererseits konnte dadurch der christliche Glaube zum kulturell einigenden Kontinuitätsfaktor werden. Missionskonzepte und ihre Auswirkungen sind dabei nie als starr zu verstehen. Mangelnde Unterweisung und herrscherlicher Druck machten einen lang anhaltenden Prozess der Christianisierung nötig und ließen die christliche Religion zunächst als Kult mit neuen Benutzungsregeln erscheinen. Nicht zu unterschätzen ist das damit verbundene Veränderungspotenzial. Auszugehen ist von einer „Ausbreitung des christlichen Glaubens bei gleichzeitiger Adaption, Integration und Umdeutung heidnischer Elemente"[7].

2 Zentrale Aspekte frühmittelalterlicher Missionsvorhaben

Es gibt zwei zentrale Voraussetzungen für das Gelingen von Mission: Erstens muss die wie auch immer vermittelte christliche Botschaft den Heiden zum Religionswechsel veranlassen und zweitens muss dieser Schritt nachhaltig gefestigt werden. Es genügte (salopp formuliert) eben nicht, in ein Dorf zu ziehen, auf dem Marktplatz eine dramatische Predigt zu halten, die Bewohner im nächsten Bach zu taufen und dann weiterzureisen. Die Nacharbeit ist mitunter der wichtigste Teil eines erfolgreichen Konzeptes, denn durch sie musste der neue Glaube auf Dauer in Leben und Denken der Menschen wie auch der Gesellschaft verankert werden. Das Für-wahr-Halten dogmatischer Lehrsätze reichte dafür bei weitem nicht aus, es kam auf die lebenspraktische Effizienz an, mit der sich das Neue beweisen musste. In einer Zeit weitgehend symbolischer Kommunikation hatten Kultorte, Zeichen und Rituale eine besondere Bedeutung. Alles das sollte nun mit einem neuen Vorzeichen, eben dem christlichen, versehen werden, um die Vorstellungswelt zu prägen. Dies in den Quellen nachzuweisen ist nicht einfach, weil ein Autor ja nicht festhielt, „was geschehen war, sondern wie er glaubte, dass es geschehen sei, oder wie er es seinen Lesern glauben machen wollte"[8]. Da die Schriftlichkeit ohnehin nur Sache der gebildeten und meist monastisch orientierten Elite war, muss die Sachüberlieferung, sofern vorhanden, zur Interpretation mit herangezogen werden. Im Folgenden sollen einige zentrale Aspekte frühmittelalterlicher Missionsvorhaben exemplarisch vorgestellt werden.

2.1 Missionspredigt

Nach christlichem Selbstverständnis ist Mission ohne Predigt bzw. Lehre vor der Taufe nicht denkbar. Wenn aus dem Frühmittelalter kaum einschlägige Missionspredigten überliefert sind, heißt das deshalb noch lange nicht, dass nicht gepre-

---

[7] *Hans-Werner Goetz*, Gott und die Welt. Religiöse Vorstellungen des frühen und hohen Mittelalters I,1 (Orbis medievalis 13,1), Berlin 2011, 41, sowie *Lutz E. v. Padberg*, Von Heidenhunden und Herrscherglaube. Zur Darstellung von Heiden und Herrscherkonversionen in frühmittelalterlichen Quellen, in: *Christiane Ruhmann / Vera Brieske* (Hg.), Dying Gods – Religious Beliefs in Northern and Eastern Europe in the Time of Christianisation (Neue Studien zur Sachsenforschung 5), Hannover 2015, 9–13.

[8] *Hans-Werner Goetz*, Gott und die Welt (s. Anm. 7), 18.

digt worden ist. Denn Predigten als Form mündlicher Kommunikation sind authentisch kaum erfassbar, da ihre Verschriftlichung bereits gestaltende Rezeption bedeutet. Außerdem sind die Berichte von missionarischen Einsätzen meist von Klerikern für Kleriker mit größerem zeitlichem Abstand aufgezeichnet worden. Die aber wussten, wie und was zu predigen war und hielten es nicht für nötig, viel darüber zu schreiben. Trotzdem lassen sich aus den Quellen Informationen zu dem Missionskonzept Predigt rekonstruieren.

Das Spektrum der Missionare reichte von der Provokation durch Angriff auf den polytheistischen Kult bis zur Einladung durch Werbung für den stärkeren Gott. Die eigentliche Herausforderung für die Glaubensboten lag schon am Beginn ihres Auftretens. Sie mussten die Heiden davon überzeugen, dass ein Religionswechsel für sie überhaupt interessant sein könnte. Deshalb werden sie neben dem Hinweis auf himmlischen Lohn die irdische Nützlichkeit des Christentums betont haben. Ebenso häufig war die konfrontativ aufgebaute Predigt mit dem Vergleich der als nutzlos bezeichneten Götter und der Schöpferallmacht Gottes. Bei dem Missionsziel der Überwindung des paganen Kultes konnte kaum anders vorgegangen werden, zumal das Prinzip von Anknüpfung und Widerspruch vermutlich die Aufmerksamkeit der Zuhörer garantierte, allerdings auch zu Vertreibung und Martyrium des Predigers führen konnte. Die ethische (Gottes- und Nächstenliebe, Tugend- und Lasterkatalog) sowie die dogmatische (Lehrbestand des Glaubensbekenntnisses) Predigt spielten demgegenüber eine geringere Rolle und gehören mehr in den Bereich der späteren Unterweisungspredigt. Kernelemente waren wohl Götzenkritik, monotheistische Verkündigung, Taufaufforderung, Gerichtsandrohung und Lohnverheißung.[9]

Zum Konzept der Missionare gehörte es ferner, die Adressaten ihrer Predigten nicht zu überfordern. Bestimmte Glaubensinhalte wie die Jungfrauengeburt oder die Trinität waren schwer begreifbar zu machen, und deshalb wurden sie erst gar nicht erwähnt. Beispielsweise wird in Skandinavien der leidende Christus erst vom 12. Jahrhundert an thematisiert. Zuvor wurde er selbst am Kreuz als herrscherlicher Triumphator dargestellt, ähnlich wie auch bei den Franken. Für einen Gott, der seinen Sohn leiden und sterben ließ, dürften die kampfesfreudigen Nordgermanen wenig Verständnis gehabt haben.[10] Eine weitere Herausforderung für die Glaubensboten lag in der Vermittlung von zentralen biblischen Begriffen wie beispielsweise Sünde, Vergebung, Gnade und Heil. Nach der Quellenlage ist es schwer zu beurteilen, ob und wie sich die Missionare bei der Erstbegegnung darum bemüht haben. In der weiteren Entwicklung war jedenfalls eine Übertragung zentraler Glaubensbegriffe in die Volkssprachen unumgänglich.[11]

---

[9] *Lutz E. v. Padberg*, Die Inszenierung religiöser Konfrontationen (s. Anm. 4), 105–315.

[10] Vgl. *Per Beskow*, Runor och liturgi, in: *Per Beskow / Reinhart Staats* (Hg.), Nordens kristnande i europeiskt perspektiv (Occasional Papers on Medieval Topics 7), Skara 1994, 16–36.

[11] *Wolfgang Haubrichs*, Die Missionierung der Wörter. Vorbonifatianische und nachbonifatianische Strukturen der theodisken Kirchensprachen, in: *Franz J. Felten / Jörg Jarnut / Lutz E. von Padberg* (Hg.), Bonifatius – Leben und Nachwirken. Die Gestaltung des christlichen Europa im Frühmittelalter (Quellen und Abhandlungen zur mittelrheinischen Kirchengeschichte 121), Mainz 2007, 121–142.

2.2 Das Konzept der Akkommodation

Wollten die Christen die Überlegenheit ihres Gottes unter Beweis stellen, reichten oft Worte nicht aus, da bedurfte es schon einmal handfester Beweise. Die einschlägigen Beispiele sind bekannt, etwa die Fällung der Donareiche durch Bonifatius (672/675–754) bei Geismar im Jahre 723 und die Zerstörung des Zentralheiligtums des Gottes Svantevit auf Rügen 1168 durch den dänischen König Valdemar den Store (1131–1182).[12] Weil die Götter von Menschenhand gebildet worden seien, könne man sie auch ohne Schaden mühelos vernichten, so die theologische Begründung der Tatmission.

Ein anderes Konzept verurteilt zwar die polytheistischen Götter, suchte aber nach Anknüpfungspunkten im Kult. Diese Methode der Akkommodation hat Gregor der Große (540–604) am 18. Juli 601 in einem berühmten Brief an Mellitus (gest. 624), den späteren Erzbischof von Canterbury, empfohlen. Der Papst regte an, in der Anfangsphase der Mission den Polytheisten durch Anknüpfung an ihre traditionellen Kultgebräuche den Übertritt zum Christentum zu erleichtern. Denn, so argumentiert er, „es ist zweifellos unmöglich, schwerfälligem Verstand alles auf einmal wegzunehmen, da ja auch derjenige, der den höchsten Gipfel besteigen möchte, Schritt für Schritt und nicht in Sprüngen nach oben kommt". Deshalb regte Gregor an, wohl die Götzenbilder zu zerstören, nicht aber die Kultgebäude selbst, weil die Neuchristen dann „mit mehr Zutrauen an den Orten zusammenkommen, an die sie gewöhnt" seien. Außerdem könne man die traditionellen Kultfeste in solche mit christlichem Hintergrund umwandeln.[13]

Diese Methode der Akkommodation entsprang wohl der pastoralen Fürsorge des Papstes, war aber ebenso von dem Ziel bestimmt, der anderen Religion die Anhänger abzuwerben. Bei dieser kühnen Form der Anknüpfung setzte Gregor daher weniger auf eine radikale Abkehr von der bisherigen Kultur als vielmehr auf einen langfristigen Prozess der Christianisierung, gefördert eben durch die Überlagerung heidnischer Kultstätten mit christlichen Inhalten. Die „Exklusivität des Christentums in Sachen des Glaubens und seine Toleranz hinsichtlich des Kultes" waren ein gewagter Ansatz, weil es sich im Polytheismus genau umgekehrt verhielt und deshalb die Erwartungen der Missionare und die Reaktionen der Bevölkerung nicht immer in Einklang zu bringen waren.[14] Gleichwohl wird dieses Vorgehen in der Praxis häufig erfolgreich angewandt worden sein, freilich auch um den Preis einer Veränderung des Christentums.

2.3 Die Schaffung von Ersatzgöttern

Ein weiteres Mittel zur Verdrängung des Heidentums und damit zur Christianisierung war der Einsatz von Heiligen und ihren Reliquien durch Translationen. Vor al-

---

[12] *Willibald*, Leben des Bonifatius (Ausgewählte Quellen zur Deutschen Geschichte des Mittelalters 4b), Darmstadt 2011, c. 6, 494; *Helmold von Bosau*, Slawenchronik (Ausgewählte Quellen zur Deutschen Geschichte des Mittelalters 19), Darmstadt 2002, c. 108, 372. Vgl. *Hans-Werner Goetz*, Gott und die Welt (s. Anm. 7), 153.

[13] *Beda der Ehrwürdige*, Kirchengeschichte des englischen Volkes (Texte zur Forschung 34), Darmstadt 1982, I, 30, 112. Dazu *Lutz E. v. Padberg*, Die Inszenierung religiöser Konfrontationen (s. Anm. 4), 318–322.

[14] *Helge Ljungberg*, Die nordische Religion und das Christentum. Studien über den nordischen Religionswechsel zur Wikingerzeit, Gütersloh 1940 (zuerst Uppsala 1938), 216.

lem mit Hilfe der zu erwartenden Wunderereignisse wollte man die Helden- und Göttervielfalt ersetzen. Den Kirchenleuten war offenbar die beschränkte Wirkung der Predigt bewusst, und deshalb setzten sie zur Sichtbarmachung des neuen Glaubens und zur Möglichkeit der Erfahrung seiner Nützlichkeit auf das Missionskonzept der Heiligenverehrung und begründeten somit neue sakrale Landschaften.

So gab es beispielsweise einen regen Import von Reliquien in das eroberte Sachsenland. Der Paderborner Bischof Badurad (780–862) griff 836 zu diesem bewährten Mittel und importierte aus Le Mans die Reliquien des Heiligen Liborius. Die Gründe waren offensichtlich: „Da aber das Volk, besonders die einfachen Leute, noch schwach im Glauben war und nur mit Mühe gänzlich von seinem heidnischen Irrtum losgerissen werden konnte, indem es sich heimlich immer wieder der Ausübung einiger angeerbter heidnischer Gebräuche zuwendete, so sah der Mann [Badurad] in seiner großen Klugheit ein, dass es am leichtesten von seinem Unglauben bekehrt werden könnte, wenn der Leib irgend eines berühmten Heiligen herbeigebracht würde, um [...] durch Wunder und Zeichen und durch Heilungen Aufsehen zu erregen, so dass das Volk anfinge, ihn zu verehren, und sich daran gewöhnte, seinen Schutz anzurufen." Der Bischof zweifelte außerdem nicht daran, „dass der Trost, welcher den hier wohnenden und hierher kommenden Gläubigen auf [des Liborius] Fürbitte zuteil würde, diesem Ort [Paderborn] den besten Schutz und den größten Reichtum verschaffen müsste"[15] So trug die Überführung des Heiligen Liborius auf mehrfache Weise als Bestandteil des Kulturwandels zur Entstehung einer neuen Sakrallandschaft bei.

2.4 Die Zerstörung von Kultstätten und ihr Ersatz

Das Bemühen der Kirche um Erleichterung des Religionswechsels hatte da seine Grenzen, wo es um Götterbilder ging. Der Instruktion von Papst Gregor, nach der Zerstörung der Kultbilder die paganen Tempel zu verschonen und in Kirchen umzuwandeln, wird man eher selten gefolgt sein. Zwar gibt es einige Belege für eine mögliche Kultkontinuität zwischen Königshallen oder herrscherlichen Hofanlagen und christlichen Versammlungsstätten, aber die Befunde sind nicht immer eindeutig. Im Gegensatz dazu war es nach Vorbildern im Alten Testament in der Spätantike eine beliebte Methode, Kultplätze zu zerstören

---

Weiterführende Literatur:
Christoph Stiegemann / Martin Kroker / Wolfgang Walter (Hg.), Credo. Christianisierung Europas im Mittelalter, Bd. I: Aufsätze, Bd. II: Katalog, Petersberg 2013.
Knut Schäferdiek (Hg.), Die Kirche des früheren Mittelalters (Kirchengeschichte als Missionsgeschichte II/1), München 1978.
Lutz E. von Padberg, Christianisierung im Mittelalter, Darmstadt 2006.
Lutz E. von Padberg, Die Inszenierung religiöser Konfrontationen. Theorie und Praxis der Missionspredigt im frühen Mittelalter (Monographien zur Geschichte des Mittelalters 51), Stuttgart 2003.

---

[15] *Alfred Cohausz* (Hg.), Erconrads Translatio S. Liborii (Studien und Quellen zur westfälischen Geschichte 6), Paderborn 1966, c. 7, 51. Vgl. *Hedwig Röckelein*, Reliquientranslationen nach Sachsen im 9. Jahrhundert. Über Kommunikation, Mobilität und Öffentlichkeit im Frühmittelalter (Beihefte der Francia 48), Stuttgart 2002.

und dort Kirchen zu errichten. Nach diesem Konzept werden die Missionare meist verfahren sein. In den Schriftquellen wird relativ wenig davon berichtet, was wahrscheinlich daran liegt, dass die kirchlichen Autoren es für selbstverständlich hielten.[16]

Zu den archäologisch nachweisbaren Beispielen gehört das schwedische Altuppsala.[17] Die Kirche von Hørning in Dänemark ist über einem paganen Grabhügel errichtet worden.[18] In Altenkirchen auf Rügen ist die Kirche auf einem möglicherweise kultisch genutzten Hügel errichtet worden. In ihre Außenwand ist auf die Seite gelegt ein Reliefstein des Gottes Svantevit eingemauert, sodass die Rüganer beim Kirchgang immer an ihrem gestürzten Gott vorbeigehen mussten.[19]

Generell stand beim Bau der Kirchen allerdings nicht so sehr die augenfällige Ablösung der paganen Kultplätze als vielmehr die Positionierung in den Siedlungen im Vordergrund. Eine missionarische Tat war die Errichtung eines Kirchengebäudes in noch weitgehend paganem Umland allemal.

2.5 Der Aufbau kirchlicher Strukturen

Wie bereits erwähnt, hat die Verkündigung des Evangeliums nur Sinn, wenn durch adäquate Nacharbeit für dauernde Verankerung des neuen Glaubens gesorgt wird. Zum Missionskonzept gehört daher zwingend der Aufbau kirchlicher Strukturen. Das verlangte eine ungeheure Kraftanstrengung, musste doch von der Versorgung der Ortschaften mit Priestern und deren Ausstattung mit liturgischem Gerät über den Kirchenbau bis hin zur Schaffung von Diözesanverbänden alles gleichsam aus dem Nichts geschaffen werden. Eine solche Leistung beanspruchte nicht nur viel Zeit, sondern bedurfte auch vielfältiger sachlicher und personeller Hilfe. Sie musste von Rom und vor allem von den Landesherren gewährt werden, denn nur von ihnen konnten Finanzmittel und Grundstücke kommen, um Kleriker ausbilden und Kirchengebäude errichten zu können. Sie werden diese Hilfe in der Regel gerne gegeben haben, wussten sie doch um den Nutzen einer gut funktionierenden Kirchenordnung für die Stabilisierung ihrer Herrschaft.[20]

2.6 Der Religionswechsel als Herrschaftssicherung

Wenigstens hingewiesen sei auf einen Aspekt, der nur mittelbar mit Mission verbunden ist, nämlich die Funktionalisierung des Religionswechsels und der nachfolgenden Einrichtung kirchlicher Strukturen für die Stabilisierung von Herrschaft. Der Zusammenhang ist offensichtlich, wird von den Quellen aber meist verschleiert. Ein entsprechendes Beispiel konnte kürzlich archäologisch nachgewiesen werden. Æthelberht von Kent (560–616), der erste zum Christentum konvertierte angelsächsische König, musste sich nach dem Religionswechsel um die Stabilisierung

---

[16] Ausführlich *Lutz E. v. Padberg*, Die Inszenierung religiöser Konfrontationen (s. Anm. 4), 244–263.
[17] *Anders Andrén*, Platsernas betydelse. Norrön ritual och kultplatskontinuitet, in: *Kristina Jennbert* u. a. (Hg.), Plats och praxis. Studier av nordisk förkristen ritual (Vägar till Midgård 2), Lund 2002, 299–332, hier: 326 f.
[18] *Knud J. Krogh / Olfert Voss*, Fra hedenskab til kristendom i Hørning, in: Nationalmuseets Arbejdsmark 1961, 5–34.
[19] *Ingrid Schmidt*, Götter, Mythen und Bräuche von der Insel Rügen, Rostock 1997, 141.
[20] Siehe exemplarisch *Lutz E. v. Padberg*, Christianisierung im Mittelalter (s. Anm. 2), 38–40.

seiner Herrschaft bemühen, war es doch nicht vorstellbar, dass König und Volk konträren religiösen Vorstellungen und Riten folgten. Deshalb lag ihm aus machtpolitischen Gründen daran, die Mission in die heidnischen Nachbarreiche zu tragen, die natürlich eine Bedrohung des christlichen Kent darstellten. So ist es Æthelberht gelungen, den König des benachbarten Essex, Sæberht (vor 604–616/617), zur Taufe zu bewegen. Ohne die Zustimmung der Machtelite des Landes konnte ein Religionswechsel allerdings nicht gelingen, und so scheiterte die Sache. Vor allem Sæberhts drei Söhne blieben heidnisch. Immerhin, und das ist überraschend, hat die Machtelite von Essex ihrem König seinen neuen Glauben gelassen. Das belegt die aufsehenerregende Grablege des Herrschers. Mit hoher Wahrscheinlichkeit ist das 2003 in Prittlewell in Essex gefundene, reich ausgestattete Fürstengrab jenes von Sæberht, denn dem nach heidnischem Ritus Bestatteten sind goldene, eigens dafür gefertigte Kreuze auf die Augen gelegt worden, so seinen christlichen Glauben bezeugend.[21]

Erfolgreicher war die Instrumentalisierung der Kirche zur Herrschaftssicherung in diesen Fällen: Pippin (640/650–714) kooperierte eng mit Missionaren wie Willibrord (658–739), um die fränkische Hegemonie im eingenommenen Teil Frieslands zu stabilisieren. Karl der Große (747–814) und Otto der Große (912–973) verbanden mit ihren missionarischen Aktivitäten bei Sachsen und Slaven die Absicht, die ständigen Grenzkonflikte zu beseitigen und ihr Herrschaftsgebiet abzurunden. Der Reichskirche waren solche Entwicklungen nicht unwillkommen, sah sie doch etwa bei dem geplanten Ausgreifen Ludwigs des Frommen (778–840) nach Norden die Möglichkeit, diese Länder ihren Diözesanverbänden hinzufügen zu können. Kurzum, jeder versuchte auf seine Weise Nutzen aus der Mission zu ziehen.[22] Das Zusammengehen von politischer Macht und kirchlicher Mission hat freilich niemanden irritiert, entsprach es doch der Vorstellungswelt sowohl von Heiden wie auch von Christen.

3 Zusammenfassung

Mission war kein aufgeklärtes Argumentieren, sondern der Kampf konkurrierender Religionen in dem Wissen, dass der Glaubenswechsel den Bruch mit der bisherigen Tradition und eine neue Existenzweise bedeutete. Die Konfrontation von Polytheismus und Christentum wurde von den Missionaren bewusst inszeniert, wobei sie neben der Predigt auch auf andere Weise bemüht waren, die Nützlichkeit ihres Gottes zu beweisen. In einer langen Über-

---

[21] *Beda der Ehrwürdige*, Kirchengeschichte des englischen Volkes (s. Anm. 13), II,3, 142 und II,5, 150. Zum Grab *Lyn Blackmore*, Prittlewell. Materialismus und Spiritualität in einem sächsischen Prunkgrab in Prittlewell, Southend-on-Sea (Essex), in: *Christoph Stiegemann* u. a. (Hg.), Credo. Christianisierung Europas im Mittelalter, Bd. II, Petersberg 2013, 201 f.

[22] Ausführlicher zu den Beispielen *Lutz E. v. Padberg*, Die Inszenierung religiöser Konfrontationen (s. Anm. 4), 384–390. Karls Sachsenmission ist eine Mischung aus imperialistischem Krieg und damit verbundenen Missionsbemühungen, die den Aufbau kirchlicher Strukturen in dem eroberten Land unbekümmert als Unterwerfungsmittel nutzte und so für die eigene Macht instrumentalisierte. So grausam Karl auch auf Widerstand und Apostasie der Sachsen reagierte, war er gleichwohl ernsthaft bestrebt, das Christentum in Sachsen zu etablieren. Es war eben eine robuste Zeit, die nicht nach heutigen Maßstäben gemessen werden kann. Vgl. *Johannes Fried*, Karl der Große: Gewalt und Glaube, München 2013, 153 ff.

gangsepoche kam es zum Nebeneinander beider Glaubensrichtungen, teilweise sogar mit der Möglichkeit freier Glaubenswahl. Dem stand der Absolutheitsanspruch des Christentums entgegen, so dass das Aufeinanderprallen der Religionen zu einem epochalen Ereignis größter Tragweite wurde. Die aus der Rückschau des Siegers berichtenden Quellen verdecken häufig den Zwangscharakter und die Gewaltbereitschaft christlicher Herrscher. Dennoch verlief, anders als im Osten, die Mission weitgehend friedlich, obwohl sie auch für politische Ziele funktionalisiert wurde. Die Missionare waren sicher bemüht, alle Bevölkerungsschichten zu erreichen, konnten aber kaum verhindern, dass die Annahme des Christentums vielfach als bloßer Kultwechsel begriffen wurde. Deshalb musste der Mission der lange Prozess der Christianisierung mit dem Aufbau eines alle Landstriche erfassenden Pfarrwesens folgen. Die Bedeutung der Mission liegt in der Konstituierung und Fundamentierung eines einheitlich christlichen Kulturraumes Europa.

Der Autor: *Prof. Dr. Lutz E. von Padberg, geb. 1950, Studium der Geschichte, Germanistik, Philosophie und Pädagogik, 1. Staatsexamen 1974 und Dr. phil. 1980 an der Universität Münster, wiss. Mitarbeiter im Sonderforschungsbereich ‚Mittelalterforschung' der Universität Münster 1974–1985, Dozent für Historische Theologie an der Freien Theologischen Hochschule in Gießen 1986–2013, Gastprofessor an der Evangelisch Theologischen Fakulteit in Leuven/Belgien 1986–1999, Habilitation 1993, Privatdozent 1993–1999 und Prof. für Mittelalterliche Geschichte 1999–2013 an der Universität Paderborn; Publikationen: Mission und Christianisierung. Formen und Folgen bei Angelsachsen und Franken im 7. und 8. Jahrhundert, Stuttgart 1995; Die Inszenierung religiöser Konfrontationen. Theorie und Praxis der Missionspredigt im frühen Mittelalter (Monographien zur Geschichte des Mittelalters 51), Stuttgart 2003; Christianisierung im Mittelalter, Darmstadt 2006.*

Stefan Silber

Synodalität, Befreiung, Widerstand

Neue Perspektiven für die Missionstheologie

◆ Ausgehend vom Missionsverständnis von Papst Franziskus und von einem Rückblick auf die Amazonien-Synode wird in diesem Beitrag der Begriff der Synodalität als missionstheologischer Grundbegriff entwickelt. Vor diesem Hintergrund wird die kirchliche Missionstheologie aus zwei Perspektiven diskutiert: Zum einen werden Motive der Befreiungstheologie rekonstruiert, zum anderen werden Impulse einer postkolonialen Theorie bzw. Theologie skizziert. Die Überlegungen münden in die Befürwortung einer Umkehr der Mission, die nicht zuletzt im Hören auf die vom Kolonialismus erzeugte „Peripherie" vor allem auf das zu Bekehrende im Christentum selbst schaut. (Redaktion)

1 Synodalität: Zuhören als neues Paradigma der Mission

Der „Weg der Synodalität ist das, was Gott sich von der Kirche des dritten Jahrtausends erwartet"[1], sagt Papst Franziskus 2015 in seiner Ansprache zur 50-Jahr-Feier der Errichtung der Bischofssynode. Synodalität ist damit für ihn mehr als nur die Grundhaltung einer Synode, sondern der Papst versteht sie als „konstitutive Dimension der Kirche"[2].

Der Papst hat immer wieder deutlich gemacht, dass das synodale, dialogische Moment der Kirche ihm ganz besonders am Herzen liegt. Davon zeugt nicht nur sein Respekt vor den Bischofskonferenzen und die strukturelle Aufwertung, die diese Institution in seinem Pontifikat erfahren hat. Insbesondere die Bischofssynode wird von ihm als Ausdruck der Kollegialität der Bischöfe häufig einberufen und in der Debatte offen gestaltet. Durch intensive Vorbereitungsprozesse zu den Synoden, die während der Synoden und anschließend in den nachsynodalen päpstlichen Schreiben ein ausdrückliches Echo erhalten, wird auch das Volk Gottes in synodaler Weise in die Beratungen mit einbezogen. In seiner Reform der Synode bringt der Papst dies auch direkt zur Sprache.[3]

Die Spaltung zwischen „lehrender" und „lernender Kirche" wird für den Papst

---

[1] Papst *Franziskus*, Ansprache zur 50-Jahr-Feier der Errichtung der Bischofssynode (17. Oktober 2015), online: http://w2.vatican.va/content/francesco/de/speeches/2015/october/documents/papa-francesco_20151017_50-anniversario-sinodo.html [Abruf: 20.04.2020].

[2] Ebd. Vgl. Papst *Franziskus*, Apostolische Konstitution *Episcopalis Communio*. Über die Bischofssynode (15. September 2018), online: http://www.vatican.va/content/francesco/de/apost_constitutions/documents/papa-francesco_costituzione-ap_20180915_episcopalis-communio.html, Nr. 6 [Abruf: 20.04.2020].

[3] Papst *Franziskus*, Apostolische Konstitution *Episcopalis Communio* (s. Anm. 2), Nr. 6–7.

in der Synodalität überwunden.⁴ Vielmehr sind in der Kirche alle Hörende, oder, wie der Papst genauer schreibt, Zuhörende: „Eine synodale Kirche ist eine Kirche des Zuhörens, in dem Bewusstsein, dass das Zuhören ‚mehr ist als Hören'. Es ist ein wechselseitiges Anhören, bei dem jeder etwas zu lernen hat: das gläubige Volk, das Bischofskollegium, der Bischof von Rom – jeder im Hinhören auf die anderen und alle im Hinhören auf den Heiligen Geist, […] um zu erkennen, was er ‚den Kirchen sagt'."⁵

Der Vorbereitungsprozess zur Amazoniensynode hat deutlich gemacht, dass die Synodalität auch ein neues Paradigma für die Mission darstellt. Denn die Amazoniensynode hörte gezielt auch auf die Menschen außerhalb der Kirche, im Bewusstsein, dass der Heilige Geist auch bei diesen sprechen kann (und spricht). Es fanden „Anhörungen auf Versammlungen vor Ort" statt, „an denen insgesamt etwa 80.000 Menschen aktiv beteiligt waren"⁶. Unter diesen waren Angehörige von mehr als 170 indigenen Völkern.⁷ Bei den Anhörungen wurde nicht immer zwischen getauften und ungetauften Mitgliedern dieser Völker unterschieden. Vielmehr wurde der Überzeugung Ausdruck verliehen, dass die Verpflichtung zum Zuhören gerade nicht an den Grenzen der kirchlichen Institution endet, sondern dass die Synodalität alle Menschen einschließt.

Bereits in seiner Begegnung mit den indigenen Völkern im peruanischen Puerto Maldonado im Januar 2018, die der Papst als Beginn des Konsultationsprozesses zur Synode markierte, forderte er den Dialog als neues missionarisches Paradigma ein: „Wir brauchen es notwendig, dass die autochthonen Völker die Ortskirchen Amazoniens kulturell gestalten. […] Helft euren Bischöfen, helft euren Missionaren und euren Missionarinnen, damit sie mit euch eins werden und auf diese Weise im Dialog aller miteinander eine Kirche mit amazonischem Gesicht und eine Kirche mit indigenem Gesicht herausbilden können."⁸

Es ist interessant, dass sich hier mehrere Berührungen mit der protestantischen Missionstheologie ergeben. Diese präsentiert die Mission als eine Initiative Gottes, als *missio Dei*.⁹ Diese Mission Gottes geht aus Gott selbst hervor, der sich der Welt, der Schöpfung und allen Menschen voll Liebe und Barmherzigkeit zuwendet. Es ist die Aufgabe der Kirche, an dieser liebenden Zuwendung zu partizipieren. In dieser Mission kann es keine „Missionierung", keinen Proselytismus, keinen imperialen oder eurozentrischen Machtanspruch geben. Vielmehr wird darauf aufmerk-

---

4   Vgl. Papst *Franziskus*, Ansprache zur 50-Jahr-Feier der Errichtung der Bischofssynode (s. Anm. 1).
5   Ebd., mit Zitaten aus EG 171 und Offb 2,7.
6   *Alfredo Ferro Medina*, Vom Zweiten Vatikanischen Konzil zur Amazonas-Synode. Auf dem Weg zu einer synodalen Kirche, in: Concilium 56 (2020), 81–85, hier: 82.
7   Vgl. Informe. Proceso de consulta sinodal de la Red Eclesial Panamazónica REPAM, online: https://redamazonica.org/wp-content/uploads/INFORME-camino.recorrido.REPAM_.Sínodo..pdf [Abruf: 20.04.2020].
8   Papst *Franziskus*, Begegnung mit den Völkern Amazoniens. Ansprache des Heiligen Vaters. Freilufttheater „Madre de Dios" (Puerto Maldonado). 19. Januar 2018, online: http://w2.vatican.va/content/francesco/de/speeches/2018/january/documents/papa-francesco_20180119_peru-puertomaldonado-popoliamazzonia.html. Vgl. *Óscar Elizalde Prada / Rosario Hermano / Deysi Moreno García* (Hg.), Hacia el Sínodo Panamazónico, Montevideo 2019, 67–68.
9   Vgl. *David J. Bosch*, Transforming Mission. Paradigm Shifts in Theology of Mission, Maryknoll 1991, 389–393.

sam gemacht, dass Gottes Mission sich von der Peripherie zum Zentrum hinbewegt: „Heute beanspruchen Menschen an den Rändern der Gesellschaft, selbst Subjekte der Mission zu sein […]. Diese Umkehrung der Rollen im Verständnis von Mission hat ein starkes biblisches Fundament, weil Gott die Armen, die Törichten und die Machtlosen (1. Korinther 1,18–31) ausgewählt hat, um seine Mission der Gerechtigkeit und des Friedens voranzubringen,"[10] heißt es in der Missionserklärung des Weltkirchenrates von 2013.

Mit dem Paradigma der Synodalität nimmt die katholische Missionstheologie dieses biblische Fundament ernst: Im Zuhören auf „die Armen, Törichten und Machtlosen", gerade auch wenn sie nicht getauft sind, ist es möglich, der zuvorkommenden und sich offenbarenden Liebe Gottes zu begegnen. Mission ist daher nicht nur das, was die offiziellen Vertreterinnen und Vertreter der Kirche tun, sondern es wird auch von denen verwirklicht, die Gott selbst dafür „ausgewählt hat".

Auch die Ungetauften haben eine Mission von Gott, sie sind Subjekte seines Wortes, das sie den offiziellen kirchlichen Missionarinnen und Missionaren verkündigen können, wenn diese wirklich zuhören. Deswegen schreiben die Bischöfe im Schlussdokument der Amazoniensynode, dass sie von der „Klage der Erde und de[m] Schrei der Armen […] zu einer wahrhaft ganzheitlichen Umkehr"[11] aufgerufen worden seien: Im Dialog mit den indigenen Völkern wurden nicht (nur) diese, sondern die Bischöfe zur Umkehr gerufen.

Die Amazoniensynode hat überdies deutlich gemacht, dass das wechselseitige Zuhören unter den strengen und komplexen Bedingungen des interkulturellen Dialogs geschieht. In diesem Dialog müssen auch die jeweiligen Kulturen thematisiert werden, mit ihren Grenzen und den Machtkonstellationen, durch die diese Grenzen gezogen und die scheinbare Hierarchie der Kulturen konstruiert wurden.

Mission als Synodalität verweist unter diesen interkulturellen Bedingungen auf das grundlegende ekklesiologische Paradigma der Einheit in der Verschiedenheit, das über oberflächliche sprachliche oder ästhetische Anpassungen weit hinausgeht. Vielmehr muss die Mission auch auf die Weltsicht und Spiritualität von Angehörigen anderer Kulturen hören.[12] Gerade durch das Hören auf die Weisheit indigener Völker können auch soziale, politische und ökologische Fragen konstruktiv

---

[10] *Kommission für Weltmission und Evangelisation*, Gemeinsam für das Leben: Mission und Evangelisation in sich wandelnden Kontexten (10. Vollversammlung 2013 in Busan), online: https://missionrespekt.de/fix/files/missionserklaerung-de-wcc.pdf, Nr. 6 [Abruf: 20.04.2020]. Vgl. *Missionsakademie an der Universität Hamburg* (Hg.), Gemeinsam für das Leben: Mission und Evangelisation in sich wandelnden Kontexten. Eine kritische Auseinandersetzung mit der Missionserklärung des ÖRK (Theologische Impulse der Missionsakademie 4), Hamburg 2013, online: http://www.missionsakademie.de/de/pdf/TIMA4_web.pdf [Abruf: 20.40.2020].

[11] *Bischofssynode – Sonderversammlung für Amazonien* (6.–27.10.2019), Amazonien: Neue Wege für die Kirche und eine ganzheitliche Ökologie. Schlussdokument (25.10.2019), Aachen–Essen 2019, Nr. 17; online: https://www.misereor.de/fileadmin/publikationen/schlussdokument-amazonien-synode.pdf [Abruf: 20.04.2020].

[12] Dies ist Papst Franziskus ein wichtiges Anliegen: Vgl. *Sekretariat der Deutschen Bischofskonferenz* (Hg.), Nachsynodales Apostolisches Schreiben Querida Amazonia von Papst Franziskus an das Volk Gottes und an alle Menschen guten Willens. 2. Februar 2020 (Verlautbarungen des Apostolischen Stuhls 222), Bonn 2020, Nr. 66–80; online: http://www.vatican.va/content/

im missionarischen Dialog angesprochen werden, wie Papst Franziskus in *Querida Amazonia* zeigt.[13] Mission als Synodalität berührt daher auch Fragen der Gerechtigkeit und des Guten Lebens.

2 Befreiung: Gute Nachrichten, gutes Leben für alle

Der brasilianische „Indianermissionsrat" (CIMI), die Institution der brasilianischen Bischofskonferenz für die Mission und Pastoral bei den indigenen Völkern des Landes, bestimmt seine Aufgaben als „Zeugnis und prophetische Ankündigung der Guten Nachricht vom Reich [Gottes]"[14]. Darunter werden genannt: Menschenrechtsarbeit, interkultureller und interreligiöser Dialog, Netzwerken und Solidarität für Gleichberechtigung, Demokratieförderung, Plurikulturalität und Ökologie. Diese Praxis führt „auf den Weg zum endgültigen Reich [Gottes]" und steht „im Dienst der Lebensprojekte der indigenen Völker"[15].

Diese Ausrichtung auf Gerechtigkeit, Befreiung und Lebensmöglichkeiten kann als typisch für ein befreiungstheologisches Paradigma der Mission betrachtet werden. Typisch ist auch, dass diese Aufgaben gerade nicht als Alternative zu einer eher religiös, katechetisch oder sakramental ausgerichteten Missionspraxis betrachtet werden, sondern als Schritte auf dem Weg zum Reich Gottes und als Verkündung des Evangeliums als Guter Nachricht. Gerechtigkeit und Befreiung sind für die Befreiungstheologie religiöse Begriffe, und in ihrer Praxis verwirklicht sich die Nachfolge Jesu.

Entsprechend wird auch die Mission der Kirche als Nachfolge der Befreiungsmission Jesu konzipiert. Im Gefolge des Zweiten Vatikanischen Konzils spricht die Theologie der Befreiung bevorzugt von der Evangelisierung und weniger von der Mission, um den Bezug auf die Praxis Jesu besser herauszustellen und um das Gute an der Guten Nachricht, um die es geht, auch im Begriff zu benennen.

Denn Mission als Evangelisierung verbindet die Verkündigung der Frohen Botschaft von Gott mit ihrer frohmachenden Praxis. Beides ist engstens aufeinander verwiesen: Die Praxis des Evangeliums wird bereits als seine Verkündigung aufgefasst, und die Verkündigung kann nicht ohne eine entsprechende Praxis wirksam werden. Jon Sobrino schreibt, dass die Evangelisierung darin besteht, „eine Gute Nachricht gegenwärtig machen, damit sie zu einer Guten Wirklichkeit wird"[16].

Mitten in einer Realität, die Tod und Gewalt, Krankheit und Umweltzerstörung, Ausbeutung und Ausschlüsse produziert, kann die Evangelisierung nur durch einen aktiven Einsatz gegen die strukturel-

---

francesco/de/apost_exhortations/documents/papa-francesco_esortazione-ap_20200202_querida-amazonia.html [Abruf: 20.04.2020].

[13] Vgl. *Stefan Silber*, Alles ist miteinander verbunden. Lernen von der Amazoniensynode, in: euangel 11 (2020), 1, online: https://www.euangel.de/ausgabe-1-2020/nachhaltigkeit-und-schoepfungsverantwortung/alles-ist-miteinander-verbunden/ [Abruf: 20.04.2020].

[14] https://cimi.org.br/o-cimi/ [Übersetzung St. S.]. Im Brasilianischen ist es durchaus üblich, vom Reich Gottes nur als dem „Reich" (reino) zu sprechen, ohne dass dies wie im Deutschen anstößig klingen würde.

[15] Ebd. [Übersetzung St. S.].

[16] *Jon Sobrino*, Resurrección de la verdadera Iglesia. Los pobres, lugar teológico de la eclesiología (Presencia Teológica 8), Santander 1984, 91 [Übersetzung St. S.]. Vgl. *Stefan Silber*, Pluralität,

len, wirtschaftlichen, politischen und kulturellen Ungerechtigkeiten verwirklicht werden. Mission muss daher auch in wirtschaftlicher, politischer und kultureller Weise eine gute Nachricht verwirklichen, die als konkret befreiend erfahren werden kann.

In den letzten Jahrzehnten werden verstärkt auch ökologische Herausforderungen, Fragen der Gendergerechtigkeit, des Rassismus, der politischen Exklusion und der kulturellen Identitäten als transversale Elemente der Evangelisierung wahrgenommen und diskutiert, ebenso wie die vielfältigen Beziehungen zwischen diesen unterschiedlichen Achsen der Unterdrückung und Marginalisierung. Auch die Frage, welche Rolle das Christentum und andere (etwa indigene) Religionen in der Geschichte und in der Gegenwart hinsichtlich Unterdrückung, Widerstand und Befreiung gespielt haben und spielen, wird (selbst-)kritisch reflektiert. Die Gute Nachricht, die von der Evangelisierung in eine gute Praxis und eine gute Realität verwandelt werden soll, muss diese verschiedenen Ebenen und Achsen des kulturellen und sozialen Lebens mit in Betracht ziehen. Die Schritte zur Gerechtigkeit, die in der Mission konkret verwirklicht werden, können daher im Einzelnen sehr unterschiedlich sein und sogar widersprüchlich scheinen.[17]

Zugleich hat auch die Theologie der Befreiung ein dialogisches Modell der Evangelisierung entwickelt. Angesichts zahlreicher Kritiken in der Vergangenheit, in denen bemängelt wurde, dass die befreiungstheologische „Option für die Armen" diese zu Objekten einer befreienden Praxis machen würde, steht in der Gegenwart die eigene Autorität der Armen, Leidenden und Ausgeschlossenen im Vordergrund. Diese sind selbst Trägerinnen und Träger des Evangelisierungsprozesses. Ihre eigene Praxis ist entscheidend für die Mission.

Diese Autorität kommt zur Geltung, wenn etwa Angehörige indigener Völker selbst Leitungsverantwortung in der Kirche übernehmen oder theologisch forschen und publizieren. Aber auch durch das Hören auf die Überlieferungen und Glaubensüberzeugungen der Kulturen kann dieser Dialog verwirklicht werden. Frauen erarbeiten in Lateinamerika durch die Feministische Theologie eine patriarchatskritische Revision der Theologie der Befreiung. Nicht zuletzt durch ethnologisch und soziologisch informierte wissenschaftliche Forschung gelingt es ebenfalls, die Theologie und das Lehramt in den Dialog mit dem

---

Weiterführende Literatur:
Der Sammelband „Postkoloniale Theologien. Bibelhermeneutische und kulturwissenschaftliche Beiträge" (s. Anm. 23) bietet nicht nur eine informative Einführung in die postkolonialen Studien, sondern eine Zusammenstellung von zumeist aus dem Englischen übersetzten einschlägigen Beiträgen aus Asien und Nordamerika.
Kwok Pui-Lan wendet in „Postcolonial Imagination and Feminist Theology" (s. Anm. 26) postkoloniale und feministische Kritik auf Exegese und Religionswissenschaften an. In der neu entstehenden Synthese ergeben sich auch Konsequenzen für die politische Theologie und die Ökologie.

Fragmente, Zeichen der Zeit. Aktuelle fundamentaltheologische Herausforderungen aus der Perspektive der lateinamerikanischen Theologie der Befreiung (Salzburger Theologische Studien 58, interkulturell 19), Innsbruck–Wien 2017, 138–141.

[17] Vgl. *Stefan Silber*, Pluralität, Fragmente, Zeichen der Zeit (s. Anm. 16), 141–145.

Glaubenssinn des Volkes Gottes zu bringen.¹⁸

Das indigene Konzept des „Guten Lebens"¹⁹ (oder mit dem Begriff aus der Quechuasprache „Sumaj kausay") hat in den vergangenen Jahren eine integrative Funktion für die Zielvorstellungen der Evangelisierung übernommen. In ihm verbinden sich Hoffnungen und Erwartungen auf ein menschenwürdiges und ökologisches Gemeinschaftsleben mit ethischen Leitlinien, wie dieses Ziel erreicht werden kann. Durch die Prinzipien der Wechselseitigkeit und Komplementarität, die dem indigenen „Guten Leben" innewohnen, ist es möglich, sowohl verschiedene Achsen von Unterdrückung und Exklusion als auch unterschiedliche kulturelle und soziale Vorstellungen von Heil und Befreiung miteinander in Dialog zu bringen. Diese Befreiung schließt auch ein ökologisches „Gutes Leben" der gesamten Schöpfung ein.

Dieser Dialog ist jedoch nicht selbstverständlich. Denn gerade unter Bedingungen von sozialer Ungerechtigkeit, Hierarchie und Exklusion ist ein Dialog immer gefährdet. Franz Gmainer-Pranzl macht etwa darauf aufmerksam, dass die aktuelle Aufmerksamkeit für Kulturen und interkulturelle Prozesse die Gefahr der „Kulturalisierung" und der „Ausblendung der Machtverhältnisse"²⁰ beinhaltet. Diese Machtverhältnisse bestehen jedoch nicht nur in den konkreten Beziehungen zwischen den unterschiedlichen Akteurinnen und Akteuren der Mission, sondern sind auch in globalen und historischen Verhältnissen wirksam. Ein Missionar aus Europa, gar ein katholischer Priester, partizipiert eben ganz über den eigenen persönlichen Machtanspruch hinaus an kolonialen und neokolonialen, patriarchalen und klerikalen Machtkonstellationen, die oftmals in komplexer Weise im Unterbewussten agieren.²¹ Diese Fragen sind aktuell Gegenstand postkolonialer Studien und Theologien.

3 Widerstand: Entkolonialisierung der Mission

Die postkolonialen Studien entstehen etwa in den 1980er-Jahren im englischsprachigen Raum, insbesondere in den Geschichts- und Literaturwissenschaften, werden aber zügig in zahlreichen anderen wissenschaftlichen Bereichen aufgegriffen.²² Ihr Grundanliegen ist das Aufdecken der Verschränkungen zwischen Herrschaft und Wissen. Sie gehen von der Erfahrung aus, dass bestimmte Machtstrukturen und die sie legitimierenden Wissensformen auch nach der staatlichen Unabhängigkeit früherer Kolonien bestehen bleiben. Die Kritik weitet sich auf die grundlegende Machtförmigkeit kulturellen Wissens, auch des akademischen aus. Auch in der Theologie gibt es – als Minderheitsposition in sehr vie-

---

[18] Vgl. ebd., 58–66.
[19] Vgl. *Stefan Silber*, Kirche, die aus sich herausgeht. Auf dem Weg der pastoralen Umkehr, Würzburg 2018, 186–214, und die dort angegebene Literatur.
[20] *Franz Gmainer-Pranzl*, Mission in Zeiten der Interkulturalität, in: ZMR 101 (2017), 1–2, 33–45, hier: 37.
[21] Vgl. dazu auch: *Stefan Silber*, Mission im Dialog. Postkoloniale Bekehrungen eines kirchlichen Grundauftrags, in: *Klaus Krämer / Klaus Vellguth* (Hg.), Christliches Zeugnis in einer multireligiösen Welt. Eine Einladung zum Dialog (Theologie der Einen Welt 16), Freiburg i. Br.–Basel–Wien 2020, 259–269.
[22] Eine gute Einführung findet sich in: *Ina Kerner*, Postkoloniale Theorien. Zur Einführung, Hamburg 2012.

len christlichen Konfessionen – etwa seit der Jahrtausendwende eine Bewegung der postkolonialen Kritik.[23]

Die postkoloniale Kritik an der Mission der Kolonialzeit geht über die bekannte Missionskritik hinaus. Zwar findet sich sowohl in theologischen wie nichttheologischen Studien auch die kritische Analyse der komplexen Verschränkung von kolonialer Unterdrückung und kirchlichen Missionsformen, die bereits als *common sense* gelten können.[24] Das tiefere Interesse postkolonialer Kritik richtet sich aber auf die epistemischen Voraussetzungen, die Kolonisierung und Mission ermöglichten und sich teilweise bis in die Gegenwart erhalten haben. In welcher Weise wurden die Beziehungen zwischen Europäern und Nichteuropäern, zwischen Christen und „Heiden" und damit verschränkt zwischen Männern und Frauen wahrgenommen, so dass eine Überlegenheit in rationaler, kultureller, wirtschaftlicher, politischer, militärischer, wirtschaftlicher und letztlich auch religiöser Hinsicht plausibel erschien und für wahr gehalten wurde (und wird)?

Bis in die Gegenwart lassen sich Wirkungen dieser epistemischen Grundvoraussetzungen nachweisen. Der peruanische Soziologe Aníbal Quijano[25] spricht von der „Kolonialität" als einer Eigenschaft der gegenwärtigen Kultur, in der die Denkweise des Kolonialismus unter veränderten Bedingungen fortbesteht. Während Quijano insbesondere an den Nachwirkungen des Rassismus in gegenwärtigen Herrschaftsstrukturen interessiert ist, wird sein Begriff der Kolonialität inzwischen auf viele verschiedene kulturelle Bereiche ausgeweitet, in denen die Wirksamkeit kolonialer Denk- und Handlungsmuster in der Gegenwart nachweisbar ist.

Postkoloniale Theologien decken den Verbleib kolonialer Denkmuster auch in sehr unterschiedlichen theologischen Bereichen auf, von denen ich hier nur wenige Beispiele nennen möchte. So zeigt etwa die chinesische Theologin Kwok Pui-Lan, dass die westlich geprägte Religionswissenschaft einen Begriff von Religionen entwickelte, der vor allem an Abgrenzung und Unterordnung interessiert sei. Die internen Differenzen der Religionen, ihre vielfältigen wechselseitigen Beziehungen und Verwandtschaften, sowie der Missbrauch der Religionen für die Legitimation von Herrschaft würden jedoch nicht deutlich genug analysiert. Stattdessen plädiert sie für eine erneuerte Religionswissenschaft, in der interne und externe Differenzen miteinander in Beziehung gesetzt werden und Mission so als vielfältiger und offener Dialog zwischen Angehörigen pluraler Religionen und nicht als Ersetzung einer Re-

---

[23] Vgl. insbesondere: *Andreas Nehring / Simon Tielesch* (Hg.), Postkoloniale Theologien. Bibelhermeneutische und kulturwissenschaftliche Beiträge (ReligionsKulturen 11), Stuttgart 2013, und die Themenhefte 49/2 (2013) und 56/1 (2020) der Zeitschrift Concilium.

[24] Es ist umso bedauerlicher, dass das aktuelle Missionswort der Deutschen Bischofskonferenz die Selbstkritik viel zu schwach formuliert. Der wechselseitige Missbrauch von Kolonialismus und historischer Mission wird beschönigt und verharmlost. Vgl. *Sekretariat der Deutschen Bischofskonferenz* (Hg.), Evangelisierung und Globalisierung (Die deutschen Bischöfe 106), Bonn 2019, Download unter: https://www.dbk-shop.de/de/deutsche-bischofskonferenz/die-deutschen-bischoefe/hirtenschreiben-und-erklaerungen/evangelisierung-globalisierung.html [Abruf: 20.04.2020].

[25] Vgl. *Aníbal Quijano*, Kolonialität der Macht, Eurozentrismus und Lateinamerika, Wien–Berlin 2016; *Sebastian Garbe / Pablo Quintero* (Hg.), Kolonialität der Macht. De/Koloniale Konflikte: zwischen Theorie und Praxis, Münster 2013.

ligion durch eine andere verstanden werden kann.²⁶

Die Theologin und Bibelwissenschaftlerin Musa Dube aus Botswana verdeutlicht, wie ein patriarchales Gottesbild in der Kolonialgeschichte in der Lage war, auch gesellschaftliche Geschlechterbeziehungen nachhaltig zu verändern. Die Zerstörung einer pluralen Religion, in der es Gottheiten verschiedener Geschlechter gab, durch die Verkündigung eines scheinbar männlichen christlichen Gottes veränderte – im Verein mit einem kulturellen und wirtschaftlichen Umbruch in der Mission – die Rolle der Frauen in der kolonialen Gesellschaft deutlich zum Negativen.²⁷ Für die bolivianische Theologin Cecilia Titizano ist daher im Umkehrschluss klar, dass der Einsatz für die Würde und die Rechte der Frauen es auch erfordert, das patriarchale christliche Gottesbild des Vatergottes herauszufordern.²⁸

Auch die bereits genannte Missionserklärung des ÖRK von 2013 greift postkoloniale Kritik aktiv auf. Dort heißt es beispielsweise: „Die Realität ist jedoch, dass Mission, Geld und politische Macht in strategischer Allianz verbunden sind. Obwohl wir in unserem Nachdenken über unsere Aufgaben viel über das solidarische Engagement für die Armen als Mission der Kirche sagen, geht es in der Praxis manchmal sehr viel mehr darum, in den Zentren der Macht präsent zu sein, mit den Reichen zu essen und Geld einzuwerben, um die kirchliche Administration aufrechtzuerhalten."²⁹

Wenn christliche Mission in dieser Weise bis in die Gegenwart von kolonialen, eurozentrischen und patriarchalen Macht- und Überlegenheitsansprüchen gekennzeichnet ist, bedeutet dies, dass dem Widerstand gegen solcherart falsch konzipierte Mission ein prophetischer Charakter zukommen kann. In diesem Sinn darf Widerstand gegen die Mission nicht einfach als Rückständigkeit, Verschlossenheit und Fortschrittsfeindlichkeit abgewertet werden. Im Gegenteil müssen Vertreterinnen und Vertreter der christlichen Mission sich fragen, ob solcher Widerstand, auf den sie treffen – und der ja sehr unterschiedlich aussehen kann –, nicht als ernstzunehmender Anstoß zur Selbstkritik und zur Umkehr aufgegriffen werden muss.

Hier berührt sich diese postkoloniale Fragestellung mit der Erwartung, dass die Mission, wenn sie im Sinn von Papst Franziskus als Ausdruck der Synodalität verstanden wird, im wechselseitigen Zuhören bestehen muss. Das Zuhören ist verhältnismäßig einfach, wenn es sich um wohlwollende Gesprächspartner handelt. Wenn das Zuhören ernst gemeint ist, muss es aber auch konfliktive, den Dialog verweigernde, ja vielleicht sogar gewaltsame Äußerungen als Beitrag zum Gespräch oder wenigstens als Anlass zur tiefen Selbstkritik ernst nehmen. Der Widerstand gegen die Mission kann sich ja in erster Linie gegen die Verquickung von missionarischen und kolonialen, neokolonialen oder anderen Herrschaftsinteressen wenden. Wenn aus diesem Widerstand ein kathartischer Umkehrprozess auf Seiten der Missionarinnen und Missionare erwächst, kann es

---

²⁶ *Kwok Pui-Lan*, Postcolonial Imagination and Feminist Theology, Louisville 2005, 186–208.
²⁷ Vgl. *Musa Dube*, Postkolonialität, Feministische Räume und Religion, in: *Andreas Nehring / Simon Tielesch* (Hg.), Postkoloniale Theologien (s. Anm. 23), 91–111, hier: 106–108.
²⁸ *Cecilia Titizano*, Mama Pacha: Creator and Sustainer Spirit of God, in: Horizontes Decoloniales 3 (2017), 127–159.
²⁹ *Kommission für Weltmission und Evangelisation*, Gemeinsam für das Leben (s. Anm. 10), Nr. 48.

sein, dass er einen Schritt hin zu künftigen Formen des Dialogs ermöglicht.

4 Schluss: Umkehr der Mission

„Die *missio ad gentes*, die für die Kirche immer notwendig ist, trägt so auf grundlegende Weise zum ständigen Prozess der Umkehr aller Christen bei."[30] Papst Franziskus betont, dass die Mission zur Umkehr der Christinnen und Christen führt und nennt nicht die Bekehrung der Nichtchristen. Dieser Perspektivenwechsel ist entscheidend. Während in der Vergangenheit die Mission einer *societas perfecta* in erster Linie auf die Vervollkommnung derjenigen hingerichtet war, die als nicht so perfekt galten, wird hier auf das Unvollkommene, zu Reinigende und zu Bekehrende im Christentum selbst geschaut. Im Hören auf die Peripherien, auf die Menschen, die vom Kolonialismus an den Rand der Menschheit gedrängt wurden (und werden) und die als Nichtgetaufte scheinbar nicht zur Kirche gehören, kann die Kirche, so der Papst, erkennen, was der Geist heute den Gemeinden sagt.

Der Autor: *Prof. Dr. Stefan Silber (geb. 1966) hat Katholische Theologie in Würzburg und Cochabamba (Bolivien) studiert; Promotion 2001 in Würzburg; Habilitation 2015 in Osnabrück. Er lehrt Systematische Theologie an der Katholischen Hochschule NRW in Paderborn. Zuletzt sind von ihm erschienen: Kirche, die aus sich herausgeht. Auf dem Weg der pastoralen Umkehr, Würzburg 2018; Poscolonialismo. Introducción a los estudios y las teologías poscoloniales (El tiempo que no perece 3), Cochabamba 2018, und: Pluralität, Fragmente, Zeichen der Zeit. Aktuelle fundamentaltheologische Herausforderungen aus der Perspektive der lateinamerikanischen Theologie der Befreiung (Salzburger Theologische Studien 58, interkulturell 19), Innsbruck–Wien 2017.*

---

[30] Papst *Franziskus*, Getauft und gesandt: die Kirche Christi auf Mission in der Welt. Botschaft zum Weltmissionssonntag 2019, online: http://www.vatican.va/content/francesco/de/messages/missions/documents/papa-francesco_20190609_giornata-missionaria2019.html [Abruf: 20.04.2020].

Stephen B. Bevans SVD

Papst Franziskus' Missionstheologie der Anziehung[1]

◆ In gewisser Spannung zur Methode der „Neuevangelisierung" seines Vorgängers könnte man Papst Franziskus' Herangehensweise zu Mission als eine „Missiologie der Anziehung" charakterisieren. Der Beitrag erläutert, wie eine solche Missionstheologie in der „anziehenden Botschaft" von Gottes Barmherzigkeit und Zärtlichkeit wurzelt. Derlei Gottesverständnis findet in der „anziehenden Gemeinschaft" einer offenen Kirche eine Verkörperung; eine Kirche, die eine „anziehende Lehre" anzubieten hat, indem sie Bedacht nimmt auf Kultur und Kontext.

Mit den folgenden Worten – zu Beginn des Apostolischen Schreibens *Evangelii gaudium* (EG) – ist der Kern von Papst Franziskus' Verständnis kirchlicher Mission als eine „Missiologie der Anziehung" wohl am besten zum Ausdruck gebracht:

„Die Christen haben die Pflicht, es [das Evangelium] ausnahmslos allen zu verkünden, nicht wie jemand, der eine neue Verpflichtung auferlegt, sondern wie jemand, der eine Freude teilt, einen schönen Horizont aufzeigt, ein erstrebenswertes Festmahl anbietet. Die Kirche wächst nicht durch Proselytismus, sondern ‚durch Anziehung'." (EG 14)

Die Überzeugung, die Kirche wachse nicht durch Taktiken erzwungener Bekehrung, sondern durch die indirektere Methode der Anziehung, wurde erstmals von Franziskus' Vorgänger, Benedikt XVI., in dessen Ansprache bei der Eröffnung der Generalkonferenz der Bischofskonferenzen von Lateinamerika und Karibik in Aparecida 2007 formuliert – ein Ereignis, bei dem Franziskus (damals Jorge Maria Bergolio) sicherlich zugegen war. Diese Überzeugung hat bereits in vielen von Franziskus' Schreiben und Gesprächen Eingang gefunden, jüngst in seiner Ansprache im Hauptsitz des Ökumenischen Rats der Kirchen im Juni 2018.[2] Zuvor hatte Franziskus ziemlich dasselbe in einem Interview mit einer argentinischen Zeitung, bei einem Vortrag vor italienischen Ordensoberen, einem Referat vor Erzieherinnen und Erziehern, in vielen seiner Predigten im Rahmen der täglichen Messfeier sowie beim Rückflug seines Besuchs in Bangladesh gesagt.[3]

---

[1] Dieser Beitrag ist im englischen Original erstmals erschienen in: International Bulletin of Mission Research [IBMR] 43/1 (2019), 20–28. Die Rechte zur Übersetzung wurden von SAGE Publishing erworben. Die Übertragung ins Deutsche hat *Andreas Telser* besorgt. Die ThPQ dankt Stephen Bevans SVD sowie den Herausgebern von IBMR für die Möglichkeit, diesen Beitrag nochmals veröffentlichen zu können.

[2] Vgl. Papst *Franziskus'* Ansprache beim Ökumenischen Rat der Kirchen in Genf am 21. Juni 2018. Auch hier spricht Franziskus von „Anziehung" im Zusammenhang mit der Notwendigkeit von Mission; online: http://www.vatican.va/content/francesco/de/speeches/2018/june/documents/papa-francesco_20180621_pellegrinaggio-ginevra.html [Abruf: 05.05.2020].

[3] Dies ergab die Google-Abfrage des Autors unter dem Eintrag: „church grows not by proselytism but by attraction."

Die Wörter „Anziehung" oder „anziehend" kommen auch sonst in den Schriften des Papstes vor. „Alle", so schreibt er in *Evangelii gaudium* 44, „müssen von dem Trost und dem Ansporn der heilbringenden Liebe Gottes erreicht werden." „Die Heiligkeit ist das schönste[4] Gesicht der Kirche", betont der Papst im Apostolischen Schreiben *Gaudete et exsultate* (GE 9). Die Anmut der Heiligen hat „zu neuen geistlichen Dynamiken und wichtigen Reformen in der Kirche geführt" (GE 12). In der Katechese soll man Kindern „leuchtende Vorbilder bieten, die allein durch ihre Schönheit überzeugen"[5]. Das Evangelium in einer Art zu bezeugen und zu verkünden, die anziehend wirkt, scheint ganz dem zu entsprechen, wie Franziskus möchte, dass die Kirche als „Gemeinschaft der missionarischen Jünger" (EG 24) voranschreitet.

1 Jenseits der „Neuevangelisierung"

Franziskus' Missionsverständnis als Anziehung steht in maßgeblicher Weise für einen unterschiedlichen Kurs im Verhältnis zum Missionsverständnis seiner zwei Vorgänger, Johannes Paul II. und Benedikt XVI. Für beide war eine Missiologie der „Neuevangelisierung" leitend.[6] Diese Formulierung entstand in der Amtszeit von Johannes Paul II.; zuerst eher beiläufig wurde sie letztendlich zu so etwas wie einem Kennzeichen von dessen langem Pontifikat. In seiner Hauptenzyklika über Mission, *Redemptoris missio* (RM), war die Neuevangelisierung neben der Mission *ad gentes*, der normalen Seelsorge von Christinnen und Christen, einer der drei Hauptwege, auf denen die Kirche ihre Mission vollzieht. Sie wurde als missionarische Tätigkeit „in Ländern mit alter christlicher Tradition [...] [beschrieben], wo ganze Gruppen von Getauften den lebendigen Sinn des Glaubens verloren haben oder sich gar nicht mehr als Mitglieder der Kirche erkennen, da sie sich in ihrem Leben von Christus und vom Evangelium entfernt haben" (RM 33). Einige Jahre zuvor hatte Johannes Paul II. die Neuevangelisierung als eine beschrieben, die „neu ist in ihrer Begeisterung, ihren Methoden und ihrem Ausdruck"[7]. Eine neue, vor allem im Westen entstehende Situation hatte nach einem neuen Zugang in Sachen Mission verlangt.

2005 folgte Joseph Ratzinger Johannes Paul II. nach und wählte den Namen Benedikt, der Patron Europas, dessen Regel und Mönchsorden Inseln der Stabilität inmitten der großen Migrationsströme der Spätantike bildeten. Noch als Kardinal war Ratzinger massiv gegen den postmodernen Relativismus und den aufklärerischen Indivi-

---

[4] In der englischen Übersetzung heißt es „most attractive". In den romanischen Sprachen (Französisch, Spanisch und Italienisch) ist durchwegs der Superlativ von schön in Verwendung. Im lateinischen Text wird „venustissimus" (zauberhaft, charmant) verwendet (Anmerkung des Übersetzers [A. d. Ü.]).

[5] Das Zitat stammt aus Papst *Franziskus'* Nachsynodalem Apostolischen Schreiben *Amoris laetitia* (AL 288). Im englischen Text ist die Rede von „*attractive* testimonies" (leuchtende Vorbilder).

[6] Vgl. für eine umfassendere Darlegung der folgenden Abschnitte: *Stephen Bevans*, Beyond the New Evangelization: Toward a Missionary Ecclesiology for the Twenty-First Century, in: *Richard R. Gaillardetz / Edward P. Hahnenberg* (Hg.), Church with Open Doors. Catholic Ecclesiology for the Third Millennium, Collegeville/MN 2015, 3–22.

[7] *Johannes Paul II.*, Ansprache an die Versammlung der CELAM in Port-au-Prince, Haiti, in: AAS 75 (1983), 778.

dualismus aufgetreten und hatte die Kirche dazu aufgerufen, eine Minderheit zu sein, die sich dem „Geist der Welt" entgegenstellt.⁸ Als Papst verpflichtete sich Benedikt auf die Re-Evangelisierung Europas und befürwortete deren Ausführung im Sinne der Neuevangelisierung von Johannes Paul II. Hatte Johannes Paul II. „neue Begeisterung, neuen Inhalt und neue Methoden" in der Mission angemahnt, so machte sich Benedikt vor allem für die „neue Begeisterung" stark.

2010 schuf Benedikt den *Päpstlichen Rat zur Förderung der Neuevangelisierung*⁹ und kündigte an, dass die Bischofssynode 2012 sich dem Thema „Die Neue Evangelisierung zur Weitergabe des christlichen Glaubens" widmen werde. In dem die Synode vorbereitenden Schreiben (*Lineamenta*) wurde betont, dass damit vor allem diejenigen angesprochen werden sollen, „die sich in den Ländern mit alter christlicher Tradition von der Kirche entfernt haben"¹⁰. Eines der Schlüsselwörter in den *Lineamenta*, das insgesamt dreizehn Mal im Dokument sowie in den anschließenden Fragen vorkommt, ist Kühnheit.¹¹ Im daraus hervorgehenden Arbeitspapier für die Synode (*Instrumentum laboris*) wurde für die Evangelisierung eine kühne apologetische Herangehensweise empfohlen und damit das angesprochen, was Benedikt einen „Erziehungsnotstand" in puncto Glaubenswissen genannt hatte.¹²

Sobald die Synode allerdings zusammentraf, entwickelte sich ein doch etwas anderer Geist. Viele der bischöflichen Ansprachen konzentrierten sich tatsächlich auf den schwindenden Glauben in der westlichen Welt, machten dafür moderne und postmoderne Einstellungen verantwortlich und forderten eine erneuerte Kühnheit in der Verkündigung. Doch andere Stimmen riefen nach einer offeneren, dialogischen und zuhörenden Kirche. Die Bischöfe der „Mehrheitswelt"¹³ traten nicht so sehr für eine Re-Evangelisierung des Westens als für eine erneuerte Kirche ein, die in ihrer Offenheit durch und durch missionarisch, dem Dialog verpflichtet und eine Zeugin für Integrität und Heiligkeit sein solle. Eine der verblüffendsten Ansprachen bei der Synode stammte von Luis Antonio Tagle¹⁴, dem Erzbischof von Manila. „Die Kirche muss die Stärke des Schweigens entdecken," sagte er. „Konfrontiert mit den Sorgen, Zweifeln und Unsicherheiten der Menschen kann sie nicht so tun, als ob es einfache Lösungen gäbe. Bei Jesus wird das Schweigen eine Art des aufmerksamen Zuhörens, des Mitgefühls und des

---

⁸ Vgl. *Lieven Boeve*, Europe in Crisis – A Question of Belief or Unbelief? Perspectives from the Vatican, in: Modern Theology 23 (2007), 205–227, hier: 208.

⁹ Es fällt auf, dass in den Dokumenten wie auch bei den Bezeichnungen auf der Homepage des Vatikans beide Schreibweisen gebräuchlich sind: „Neue Evangelisierung" und „Neuevangelisierung" (A. d. Ü.).

¹⁰ *Bischofssynode*, XIII. Ordentliche Generalversammlung, Lineamenta (2011), Vorwort; online: http://www.vatican.va/roman_curia/synod/documents/rc_synod_doc_20110202_lineamenta-xiii-assembly_ge.html [Abruf: 05.05.2020].

¹¹ Während in der englischen Übersetzung durchgängig das Wort „boldness" Verwendung findet, wird es in der deutschen Fassung mit unterschiedlichen Begriffen wiedergegeben (A. d. Ü.).

¹² *Bischofssynode*, XIII. Ordentliche Generalversammlung, Instrumentum laboris (2012), 152.

¹³ „Majority World" ist ein Begriff, den der Autor statt den Begriffen „Dritte Welt" bzw. „Entwicklungsländer" verwendet, zumal in diesen Ländern die *Mehrheit* der Weltbevölkerung lebt (A. d. Ü.).

¹⁴ Seit 2019 ist Luis A. Tagle Kardinalpräfekt der Kongregation für die Evangelisierung der Völker.

Gebets."¹⁵ Nebst anderen, gleichlautenden Interventionen gab es auch „eine erneuerte Akzentsetzung auf die Mission *ad gentes* oder *ad extra*, d. h. ein Ausstrecken der Hände gegenüber jenen, welche die Botschaft des Evangeliums nicht erreicht hat"¹⁶. Die Synode war damit zu einer anderen Veranstaltung geworden als ursprünglich geplant.

Ungefähr vier Monate nach Ende der Synode kündigte Papst Benedikt seinen Rücktritt an und Jorge Bergoglio wurde zu seinem Nachfolger gewählt. Bergoglio hat den Namen Franziskus angenommen, in Erinnerung an Franz von Assisi, „diese anziehende und fesselnde Persönlichkeit"¹⁷, wie er zwei Jahre später in *Laudato si'* (LS) schrieb, die „das Beispiel schlechthin für die Achtsamkeit gegenüber dem Schwachen und für eine froh und authentisch gelebte ganzheitliche Ökologie ist" (LS 10). Von seinem ersten Auftreten am Balkon von St. Peter, als er die Menge um Gebete bat, bevor er sie segnete, ließ Franziskus einen anderen Führungsstil erkennen, von dem er hoffte, es würde ein anderer Stil von Kirche sein. Er zog es vor, nicht im apostolischen Palast zu wohnen, kein Luxusauto zu fahren und keine ausgefallenere Kleidung der päpstlichen Tracht zu tragen. Wenige Wochen nach seiner Wahl stand er einer Gründonnerstagsfeier in einer Jugendstrafanstalt in Rom vor, und zur Empörung einiger konservativer Liturgen wusch er dort in der versammelten Gemeinde jungen Frauen, einigen darunter sogar Muslima, die Füße. In einem nie dagewesenen Interview, das einige Monate später weltweit veröffentlicht wurde, sprach Franziskus von der Kirche als einem „Feldlazarett nach einer Schlacht", und er beharrte darauf, dass die vornehmliche Aufgabe der Kirche – in anderen Worten ihre Mission – es sein muss, „[d]ie Wunden [zu] heilen, die Wunden [zu] heilen …"¹⁸

Im November 2013 veröffentlichte Franziskus die übliche päpstliche Antwort, die einer Bischofssynode folgt, in dem Apostolischen Schreiben *Evangelii gaudium* (EG). Das Dokument ist insofern bemerkenswert, als es die Neuevangelisierung kaum thematisiert; stattdessen scheint es darüber hinaus zu gehen, um grundsätzlicher von einer missionarischen Kirche, die Franziskus als eine „Gemeinschaft der missionarischen Jünger" (EG 24) beschreibt, zu handeln. Der Begriff „Neue Evangelisierung" kommt genau genommen nur zwölf Mal in einem ungefähr 150 Seiten starken Dokument vor. Wie es einer der Biographen formuliert hat: „Franziskus legte nur ein Lippenbekenntnis zu Benedikts Synode über die Neue Evangelisierung ab […], während er in jedem Absatz darlegte, was es bedeute zu evangelisieren."¹⁹ In einem Satz im vorderen Teil von *Evangelii gaudium* formulierte Franziskus seine Vision für die Kirche so klar wie möglich: „Ich träume

---

15 Intervention von *Luis Antonio Tagle*, zitiert in: *Stephen B. Bevans*, Revisiting Mission at Vatican II. Theology and Practice for Today's Missionary Church, in: *David G. Schultenover* (Hg.), Fifty Years On. Probing the Riches of Vatican II, Collegeville/MN 2015, 203.
16 *Ronald D. Witherup*, St. Paul and the New Evangelization, Collegeville/MN 2013, 16.
17 Der deutsche Text von *Laudato si* spricht von „schönem Vorbild" (LS 10), wo im Englischen von der „*attractive* and compelling figure" die Rede ist (A. d. Ü.).
18 *Antonio Spadaro* SJ, Das Interview mit Papst Franziskus, hg. v. *Andreas R. Batlogg* SJ, Freiburg i. Br.–Basel–Wien 2013, 48. Die Wiederholung („die Wunden heilen") findet sich im Interview (A. d. Ü.).
19 *Austen Ivereigh*, The Great Reformer. Francis and the Making of a Radical Pope, New York 2014, 210.

von einer missionarischen Entscheidung, die fähig ist, alles zu verwandeln, damit die Gewohnheiten, die Stile, die Zeitpläne, der Sprachgebrauch und jede kirchliche Struktur ein Kanal werden, der mehr der Evangelisierung der heutigen Welt als der Selbstbewahrung dient." (EG 27) Im restlichen Dokument sowie in vielen darauffolgenden Schreiben wird deutlich, wie Franziskus möchte, dass all dies zu einem „Kanal" wird. Dies geschieht durch die Entwicklung einer, wie ich sie nenne, „Mission der Anziehung". Wie Franziskus diese in *Evangelii gaudium* und anderen Schreiben entwickelt, ist sie eine Missionstheologie mit einer Botschaft, einer Kirche und einer Lehre, die allesamt anziehend wirken.

2 Eine Botschaft, die anzieht: Ein Gott des Erbarmens und der Zärtlichkeit

Für Franziskus geht die Kirche hin als Trägerin einer wahrlich ‚guten Nachricht' (Frohbotschaft / good news). Sie hat eine Botschaft, die anziehend wirkt. Grundlegend für diese gute Nachricht ist Franziskus' Gottesbild als ein Gott des Erbarmens und der Zärtlichkeit. Wie Franziskus es schon am Anfang seiner Reflexionen verkündet: „Gott wird niemals müde zu verzeihen." (EG 3) Später zitiert Franziskus den Hl. Thomas von Aquin dahingehend, dass „das Erbarmen gerade Gott als Wesensmerkmal zuerkannt [wird]; und es heißt, dass darin am meisten seine Allmacht offenbar wird." (EG 37)[20] Und in jenem Dokument, das ein Jahr eröffnet hatte, in dem die Katholische Kirche Gottes Barmherzigkeit in besonderer Weise feierte (Franziskus nannte es das „Jahr der Barmherzigkeit"), zitiert der Papst den Hl. Augustinus, der sagt: „Es ist leichter, dass Gott seinen Zorn zurückhält als seine Barmherzigkeit."[21] Gottes Barmherzigkeit sei Augustinus zufolge keine „abstrakte Idee, sondern eine konkrete Wirklichkeit, durch die Er seine Liebe als die Liebe eines Vaters und einer Mutter offenbart, denen ihr Kind zutiefst am Herzen liegt. Es handelt sich wirklich um eine leidenschaftliche Liebe.[22] Sie kommt aus dem Innersten und ist tiefgehend, natürlich, bewegt von Zärtlichkeit und Mitleid, von Nachsicht und Vergebung." (MV 6)

Jesus, der das „Antlitz" der Barmherzigkeit Gottes ist (MV 1), ermöglicht Frauen und Männern „[m]it einem Feingefühl[23], das uns niemals enttäuscht und uns immer die Freude zurückgeben kann," stets einen Neubeginn (EG 3). Franziskus versteht das persönlich. Im Interview, das kurz nach seiner Wahl veröffentlicht wurde, verweist er auf seine Vorliebe für das Caravaggio-Gemälde *Die Berufung des Hl. Matthäus*. „Es ist die Geste des Matthäus, die mich betroffen macht: Er packt sein Geld, als wollte er sagen: ‚Nein, nicht mich! Dieses Geld gehört mir nicht! Siehe, das bin ich: ein Sünder, den der Herr angeschaut hat."[24]

---

[20] *Thomas von Aquin*, Summa Theologiae, II–II, 30, 4.
[21] Papst *Franziskus*, Verkündigungsbulle des außerordentlichen Jubiläums der Barmherzigkeit, *Misericordiae vultus* (MV 21) (Zitat aus Augustinus' Predigten zu den Psalmen, 76, 11).
[22] Im englischen Text heißt es: „It is hardly an exaggeration to say that this is a ‚visceral' love." Die Viszera (lat. *viscera*) sind bekanntlich die Eingeweide; damit wird im Sprachbild – noch stärker als im Deutschen – zum Ausdruck gebracht, dass Gottes Liebe von ganz tief kommt (A. d. Ü.).
[23] Im Englischen steht hier „tenderness": Zärtlichkeit (A. d. Ü.).
[24] *Antonio Spadaro* SJ, Das Interview (s. Anm. 18), 29.

Wie Franziskus in seiner Einleitung zum Jahr der Barmherzigkeit schreibt: Wenn wir Jesus ansehen und sein Blick uns trifft, dann „sehen wir die Liebe der Allerheiligsten Dreifaltigkeit" (MV 8). Das ist eine Liebe, die in Jesu Leben und Wirken „sichtbar und greifbar" wurde. Alles, was Jesus sagt, was er hinsichtlich der Heilung von Kranken, der Identifizierung mit den Marginalisierten und der Befreiung von Männern und Frauen aus der jenseits ihrer Kontrolle liegenden Macht von Dämonen tut, all das ist „ein Lehrstück der Barmherzigkeit. Alles in Ihm spricht von Barmherzigkeit. Nichts in Ihm ist ohne Mitleid." (MV 8)

Eine Predigt, die Franziskus im Rahmen der täglichen Messfeier im September 2016 gehalten hat, ist ein Paradebeispiel dafür, die Botschaft des Evangeliums in einer anziehenden Form zu verkünden. Der Abschnitt, über den er gepredigt hat, war Lk 7,11–17, die Erzählung der Auferweckung des Sohnes der Witwe von Nain. Jesus *sah* die Witwe und ihren Schmerz wirklich, er wurde von „Mitleid erfüllt" und „teilt[e] […] mit seinem Mitleid das Problem der Frau. […] Das Evangelium sagt, dass er die Bahre berührt. Aber sicherlich hat er auch die Witwe berührt, als er zu ihr sagte: ‚Weine nicht!' Eine liebevolle Geste. Denn Jesus war bewegt. Und dann wirkt er das Wunder."[25] Diese Art von Barmherzigkeit findet sich überall in den Evangelien. Jesus sah die vielen Menschen und hatte Mitleid mit ihnen (Mt 9,36); aus selbigem Erbarmen speiste er sie und heilte die Kranken. Zahlreiche Gleichnisse, die Jesus verwendete, handeln von Gottes Erbarmen, insbesondere die drei Gleichnisse vom verlorenen Schaf, der wiedergefundenen Drachme sowie das „vom Vater und seinen beiden Söhnen". (MV 9; vgl. auch MV 8) Sie alle bezeugen den Umstand: „Die Barmherzigkeit übersteigt stets das Maß der Sünde, und niemand kann der verzeihenden Liebe Gottes Grenzen setzen." (MV 3) Dies ist, wie Franziskus es in *Amoris laetitia* 297 formuliert hat, „die Logik des Evangeliums". Freilich ist nichts von dem, was Franziskus sagt, neu, aber er artikuliert es mit einer Frische, die neues Licht auf die Botschaft des Evangeliums wirft. Wie er es im Abschnitt des dritten Kapitels (von *Evangelii gaudium*) sagt, haben Christinnen und Christen nicht am Evangelium teil, indem sie neue Verpflichtungen auferlegt bekommen, sondern indem sie einfach dessen Freude, die Schönheit der Botschaft teilen und zu einem schmackhaften Mahl einladen. Die Botschaft muss also eine sein, die attraktiv ist.[26]

3 Eine Gemeinschaft, die anzieht: Eine Kirche mit offenen Türen

Eine der Lektionen des Gleichnisses vom „unbarmherzigen Knecht" (Mt 18,21–35) besteht darin, so Franziskus, „dass Barmherzigkeit nicht nur eine Eigenschaft des Handelns Gottes ist. Sie wird vielmehr auch zum Kriterium, an dem man erkennt, wer wirklich seine Kinder sind." (MV 9) Wenn wir selbst vom Erbarmen Gottes berührt sind, sind wir umgekehrt berufen, barmherzig zu sein. „Der Sohn Gottes hat uns in seiner Inkarnation zur

---

[25] *Papst Franziskus*, Frühmesse im Vatikanischen Gästehaus Domus Sanctae Marthae: Für eine Kultur der Begegnung, 13. September 2016; online: http://www.vatican.va/content/francesco/de/cotidie/2016/documents/papa-francesco-cotidie_20160913_kultur-der-begegnung.html [Abruf: 05.05.2020].

[26] Vgl. EG 14.

Revolution der zärtlichen Liebe eingeladen." (EG 88)

Daher muss die Barmherzigkeit und Zärtlichkeit Gottes in einer Kirche, die selbst barmherzig und zärtlich ist, konkrete Form annehmen. Das Evangelium wird am wirksamsten von einer Gemeinschaft verkündet, welche die Botschaft verkörpert und durch Anziehung evangelisiert. In Anspielung auf den bekannten Abschnitt aus dem Apostolischen Schreiben von Paul VI., *Evangelii nuntiandi* (76), schreibt Franziskus, dass „Menschen [es vorziehen], die Zeugen zu hören." (EG 150)

Die Kirche, die Mission betreibt, sollte alsdann eine „Oase[] der Barmherzigkeit", ein „Ort der ungeschuldeten Barmherzigkeit sein, wo alle sich aufgenommen und geliebt fühlen können, wo sie Verzeihung erfahren und sich ermutigt fühlen können, gemäß dem guten Leben des Evangeliums zu leben" (EG 114). Eine Kirche, die anzieht, wird eine Kirche sein, die „das offene Haus des Vaters" ist; das heißt, dass die „Türen der Sakramente [...] nicht aus irgendeinem beliebigen Grund geschlossen werden" dürfen (EG 47). Am Anfang seines Pontifikats hat Franziskus das Kind von Eltern getauft, die nicht kirchlich verheiratet waren – eine Praxis, die er lange befürwortet hatte und als Zeichen, dass die Kirche in der Lage sei, mit dem, was er später „irreguläre Situationen" genannt hat, umzugehen.[27] Statt die Teilnahme an der Eucharistie einzuschränken – sie ist „[k]eine Belohnung für die Vollkommenen" –, besteht Franziskus darauf, dass sie ein „großzügiges[28] Heilmittel und eine Nahrung für die Schwachen" sei (EG 47). Der Beichtstuhl, in dem das Sakrament der Versöhnung gefeiert wird, ist „keine Folterkammer [...], sondern ein Ort der Barmherzigkeit des Herrn, die uns anregt, das mögliche Gute zu tun" (EG 44). In *Amoris laetitia* appelliert Franziskus dafür, dass Katholikinnen und Katholiken, die geschieden und wiederverheiratet sind oder in zivilen Verbindungen leben, Möglichkeiten bekommen, so vollständig wie möglich am Leben der Kirche teilzunehmen. Solche Frauen und Männer, auch wenn sie den Erwartungen der Kirche nicht gerecht werden, dürfen sich weder exkommuniziert fühlen noch kann über sie gesagt werden, sie lebten automatisch in Sünde. Allen, die an derlei Großherzigkeit Anstoß nehmen (und es sind viele gewesen), sagt der Papst, dass die Verweigerung von Gottes Zärtlichkeit und Erbarmen mit den Menschen „die übelste Weise [sei], das Evangelium zu [verwässern][29]" (AL 311 sowie auch AL 299–300).

Eine anziehende Kirche sollte auch eine der Ebenbürtigkeit sein, in der jede und jeder respektiert und gehört wird. Sie muss eine Kirche frei von Klerikalismus und verwurzelt in der Gleichheit der Taufe sein. In *Evangelii gaudium* schreibt Franziskus – Johannes Paul II. zitierend: „Man

---

[27] Der in diesem Zusammenhang vom Autor *Stephen Bevans* angegebene Link zu einem Artikel (auf www.catholic.org) über die Taufe des Kindes eines kirchlich nicht verheirateten Paares ist bedauerlicherweise nicht mehr aktuell (A. d. Ü.). Für Franziskus' Gedanken zu den „irregulären Situationen", vgl. AL 296–300.

[28] Interessanterweise weicht die englische Übersetzung hier sowohl von der deutschen wie auch von der italienischen und französischen insofern ab, als nicht von einem „großzügige[n] Heilmittel", sondern von einer Medizin gesprochen wird, die „powerful" ist (A. d. Ü.).

[29] Es überrascht doch sehr, dass im deutschen Text davon gesprochen wird, das Evangelium werde auf übelste Weise „verflüssigt", wo doch die Bedeutung von „water down" *verwässern* meint – der deutsche Text wirkt damit schlichtweg sinnentstellend (A. d. Ü.).

darf nicht vergessen, dass wir uns, wenn wir von priesterlicher Vollmacht[30] reden, ‚auf der Ebene der *Funktion* und nicht auf der Ebene der *Würde* und der Heiligkeit' befinden" (EG 104)[31]. Dann fährt Franziskus fort, indem er schreibt, dass „[d]as Amtspriestertum […] eines der Mittel ist, das Jesus zum Dienst an seinem Volk einsetzt, doch die große Würde kommt von der Taufe, die allen zugänglich ist. Die Gleichgestaltung des Priesters mit Christus, dem Haupt – das heißt als Hauptquelle der Gnade – schließt nicht eine Erhebung ein, die ihn an die Spitze aller Übrigen setzt" (EG 104). In einer vielzitierten Rede vor Ordensoberen im November 2013 sprach sich Franziskus gegen die Übel des Klerikalismus aus, indem er davor warnte, dass eine schlechte Priesterausbildung „kleine Monster" hervorbringe: „Und dann formen diese kleinen Monster das Volk Gottes. Da bekomme ich eine Gänsehaut."[32] Im Juni 2017, als Franziskus zu fünf neuen Kardinälen sprach, „sagte er diesen eindringlich, sie seien keine ‚Kirchenprinzen', sondern da, um der Wirklichkeit der ‚Sünde der Welt' ins Auge blickend zu dienen"[33]. Alle Christinnen und Christen sind dazu berufen „missionarische Jüngerinnen und Jünger" zu sein und zwar aufgrund ihrer Taufe und nicht aufgrund von irgendetwas Anderem. Solch ein Auftrag gibt allen Gliedern des Gottesvolks einen gewissen „Glaubensinstinkt"[34] oder einen *sensus fidei*. Auch wenn der Papst es hier nicht ausdrücklich sagt, dieser Status verleiht gewöhnlichen Christinnen und Christen eine Autorität, auf die zu hören ist (EG 119, auch EG 120; vgl. hingegen EG 31).

Weiterführende Literatur:
Noch immer lesenswert ist das frühe und sehr persönlich gehaltene Interview, das der italienische Jesuit geführt hat: *Antonio Spadaro* SJ, Das Interview mit Papst Franziskus, hg. v. *Andreas R. Batlogg* SJ, Freiburg i. Br.–Basel–Wien 2013.
Die zentralen Aussagen des Papstes zum Thema Mission finden sich in: Papst *Franziskus*, Die frohe Botschaft Jesu. Aufbruch zu einer neuen Kirche. Das apostolische Schreiben „Evangelii Gaudium – Freude am Evangelium", Leipzig 2014.
Die akribisch recherchierte Biografie von Jorge Bergoglio, verfasst vom bekannten britischen Religionsjournalisten *Austen Ivereigh*, The Great Reformer. Francis and the Making of a Radical Pope, New York 2014.

---

[30] In der englischen Übersetzung steht „*sacramental* power", wo die deutsche Version von „priesterliche[r] Vollmacht" spricht. Allerdings ist, wie der Autor, Stephen Bevans, nach Rücksprache mutmaßt, der ursprüngliche Textentwurf entweder in italienischer („sacerdotale") oder spanischer („sacerdotal") Sprache verfasst worden.
[31] Das Zitat im Zitat stammt von *Johannes Paul II.*, Nachsynodales Apostolisches Schreiben *Christifideles laici* 51.
[32] *Bill McGarvey*, Pope: Warns That Poorly Trained Priests Can Become ‚Little Monsters', in: America. The Jesuit Review, 4. Januar 2014; online: https://www.americamagazine.org/content/all-things/pope-warns-poorly-trained-priests-can-become-little-monsters [Abruf: 05.05.2020].
[33] Zitiert vom Internet-Portal *Crux. Taking the Catholic Pulse* (herausgegeben von *John L. Allen Jr.* und *Inés San Martin*). Der Artikel vom 28. Juni 2017 trägt den Titel: Pope to New Cardinals: You're Not Called to Be ‚Princes of the Church'; online: https://cruxnow.com/vatican/2017/06/pope-new-cardinals-youre-not-called-princes-church [Abruf: 05.05.2020].
[34] *Sensus fidei* wird in EG 119 als „Glaubensinstinkt" wiedergegeben (A. d. Ü.).

Franziskus beharrt auch darauf, dass die Kirche „eine arme Kirche für die Armen" sein muss (EG 198), eine Formulierung, die er mehrfach wiederholt hat. Die Kirche muss der Welt zeigen, dass dies ihre Priorität sei und dass alle in ihr willkommen sind. Die Kirche hat es nötig, von den Armen in der Kirche evangelisiert zu werden als ein Zeichen des Willkommenseins, das diesen gebührt. Die Armen sind, mit anderen Worten, nicht nur *Gegenstand* kirchlicher Mission, sie sind darin vielmehr aktive Teilnehmerinnen und Teilnehmer. In einer der seltenen Verwendungen des Begriffs „Neuevangelisierung" sagt Franziskus, dass diese „eine Einladung, die heilbringende Kraft ihrer [der Armen; A.T.] Leben zu erkennen und sie in den Mittelpunkt des Weges der Kirche zu stellen" sei (EG 198). Nochmals auf die Schreiben von Johannes Paul II. verweisend, meint Franziskus, die Einbindung der Armen ins Herz kirchlicher Mission sei der einzige Weg, „dass sich die Armen in jeder christlichen Gemeinde wie ‚zu Hause' fühlen. Wäre dieser Stil nicht die großartigste und wirkungsvollste Vorstellung der Frohen Botschaft vom Reich Gottes?"[35]

Eine Kirche der Inklusion, der Ebenbürtigkeit, eine, die Arme willkommen heißt: das ist die Kirche, welche die Freude des Evangeliums hervorbringt samt deren Schönheit und Anziehung.

4 Eine Lehre, die anzieht: Eine kontextsensible Theologie

Da die Kirche eine Kirche der Mission ist, empfiehlt Franziskus den Bemühungen der Theologinnen und Theologen, „den Dialog mit der Welt der Kultur und der Wissenschaft" voranzutreiben (EG 133). Das Evangelium zu verkünden und in einer anregenden Weise zu lehren, ist für kirchliche Mission essenziell; die kulturelle und kontextuelle Wesensart des Glaubens außer Acht zu lassen, kommt einem Betrug an der Mission der Kirche gleich. „Es würde der Logik der Inkarnation nicht gerecht, an ein monokulturelles und eintöniges Christentum zu denken." (EG 117) In der Tat muss die Kirche unentwegt „versuchen, die ewigen Wahrheiten in einer Sprache auszudrücken, die deren ständige Neuheit durchscheinen lässt" (EG 41). Manchmal, so Franziskus, führe eine rein rechtgläubige Sprache Menschen in die Irre, denn „aufgrund ihres eigenen Sprachgebrauchs und -verständnisses [hören sie; A.T.] etwas, was nicht dem wahren Evangelium Jesu Christi entspricht" (EG 41). An einer Formulierung festzuhalten, ohne zu versuchen, sie auf den Kontext anzuwenden, stellt das „größte Risiko" dar (EG 41). Es besteht kein Zweifel darüber, dass der Versuch, die Botschaft des Evangeliums in eine kontextrelevante Sprache zu gießen, ein langsamer und riskanter Prozess ist. Allerdings dürfe uns dabei die Angst nicht zu sehr lähmen (vgl. EG 129). Stattdessen: „Wenn wir den Zweifeln und Befürchtungen erlauben, jeden Wagemut zu ersticken, kann es geschehen, dass wir, anstatt kreativ zu sein, einfach in unserer Bequemlichkeit verharren, ohne irgendeinen Fortschritt zu bewirken." Das Resultat käme „einer sterilen Stagnation der Kirche" gleich (EG 129).

Es ist dieses Interesse an einer attraktiven, kontextsensiblen Lehre, das, so meine ich, Franziskus in seinen täglichen Predigten, wöchentlichen Ansprachen sowie sei-

---

[35] Das Zitat im Zitat stammt von *Johannes Paul II.*, Apostolisches Schreiben *Novo Millennio ineunte* 50.

nen zentralen Schreiben motiviert. So thematisiert beispielsweise seine Enzyklika *Laudato si'* eines der dringlichsten Anliegen unserer Tage (LS 13). Franziskus' umstrittenes Nachsynodales Apostolisches Schreiben *Amoris laetitia* nimmt Fragen und Themen in Angriff in Bezug auf Paare, die ohne Trauschein, in zivilen Verbindungen zusammenleben, die geschieden und wiederverheiratet sind. Franziskus' Vertrauen in Gottes Barmherzigkeit und Zärtlichkeit, die komplexe Situation in konkreten Kulturen sowie die Vielschichtigkeit der modernen Welt drängen ihn dazu, in puncto sakramentaler Teilnahme an der Eucharistie und der Frage des Seelenzustands über die Standardlehre der Kirche hinauszugehen.

Natürlich gibt es Aspekte in Franziskus' Lehre, die viele als nicht anziehend erachtet haben. So läuft etwa seine Beharrlichkeit, zum Weiheamt nur Männer zuzulassen, dem Gros gegenwärtiger Sensibilität bezüglich Gender zuwider (vgl. z. B. EG 104). Hartnäckig lehnt er gleichgeschlechtliche Verbindungen ab (AL 52; 251), auch wenn seine Haltung gegenüber Homosexualität einigermaßen vielschichtig ist. „Wenn Gott eine homosexuelle Person sieht", räsoniert Franziskus im Interview mit Antonio Spadaro, „schaut er diese Existenz mit Liebe an oder verurteilt er sie und weist sie zurück? Man muss immer die Person anschauen. Wir treten hier in das Geheimnis der Person ein."[36] Es besteht allerdings kein Zweifel, dass Franziskus' Vertrauen in einen zärtlichen, barmherzigen Gott sowie sein Traum, die Kirche zu einer Zeugin für Gottes Umarmung aller Menschen zu machen, ihn herausfordert, eine Lehre formulieren zu wollen, welche die Menschen von heute verlockt[37], sich auf eine Begegnung mit jener Freude einzulassen, die das Evangelium verheißt.

5 Fazit

Es gibt natürlich viele Arten, um Papst Franziskus' Verständnis von Mission zu thematisieren. Andere Beiträge in der Januar-Ausgabe 2019 des *International Bulletin of Mission Research* (IBMR) richten das Augenmerk etwa auf das ökologische Engagement des Papstes, auf seine Sorge um die Armen, auf die Weltchristenheit und die missionarische Ausbildung. Was ich hier versucht habe darzulegen, ist Papst Franziskus' grundlegende Überzeugung, dass Christinnen und Christen, um das Evangelium zu verkünden, von Gottes überwältigendem Erbarmen überzeugt sein und dieses Erbarmen in ihrem Leben und Lehren verkörpern müssen. Franziskus ist der festen Überzeugung, dass die Kirche weder durch Bekehrungszwang noch durch den Eifer der Missionarinnen und Missionare wächst. Sie wächst, indem sie ein unmissverständliches Sakrament der Gnade Gottes ist – und das mittels Anziehung.

Der Autor: *Stephen B. Bevans, geb. 1944, ist emeritierter Professor für Mission und Kultur an der Catholic Theological Union in Chicago. Der Styler Missionar, der an der Gregoriana in Rom und an der University of Notre Dame seine theologischen Qualifikationen erworben hat, ist einer der renommiertesten Missionstheologen. Zu seinen jüngsten Veröffentlichungen zählen: Essays in Contextual Theology (2018), Mission on the Road to Emmaus: Constants, Context, and Prophetic Dialogue (2015).*

---

[36] *Antonio Spadaro SJ*, Das Interview (s. Anm. 18), 50.
[37] Im englischen Original steht hier „attract" (A. d. Ü.).

Martin Üffing SVD

Überlegungen zur Theologie der Mission

Das Missionsverständnis der Steyler Missionare

◆ Dezidiert als Missionsorden gegründet, verstehen sich die Steyler Missionare auch heute noch als ein solcher. Allerdings unterscheidet sich ihr aktuelles Missionsverständnis erheblich von dem ihres Ordensgründers Arnold Janssen im späten 19. Jahrhundert. Letzterer hatte sich angesichts eines Heilsverständnisses, das die Rettung eines jeden Menschen einzig in der katholischen Kirche versprach, dezidiert an jene gewandt, die nicht gläubig waren bzw. außerhalb der Kirche standen. Die Steyler Missionare von heute wollen vor dem Hintergrund der im 20. und 21. Jahrhundert vollzogenen kulturellen Veränderungen in den verschiedenen Teilen der Welt *dialogisch* und *prophetisch* für das Reich Gottes Zeugnis ablegen im Sinne eines umfassenden, evangeliengemäßen Einsatzes für die Menschen, auch und gerade bei Randgruppen bzw. Marginalisierten. (Redaktion)

„Wenn die Kirche ein Herz hätte, ein Herz, das noch schlägt, dann würden Evangelisation und Mission den Rhythmus des Herzens der Kirche in hohem Maße bestimmen."[1] Diese Worte Eberhard Jüngels bringen auch heute noch auf den Punkt, was für die katholische Kirche das Zweite Vatikanische Konzil zum Ausdruck brachte, wenn es formulierte: „Die pilgernde Kirche ist ihrem Wesen nach ‚missionarisch' (d.h. als Gesandte unterwegs) [...]" (AG 2). Mission gehört nicht nur zum Wesen der Kirche, sondern Kirche ist auch Konsequenz von Mission, so dass wir sagen können, „nicht die Kirche hat eine Mission, sondern die Mission hat eine Kirche"[2].

1 Steyler Missionare und Mission

Als Teil der Kirche nehmen auch die Steyler Missionare (Gesellschaft des Göttlichen Wortes, SVD) an dieser Mission teil. Da der Orden sich als „missionarisch" versteht, spielen das Missionsverständnis und die diesem Verständnis zugrunde liegende Theologie ein zentrale Rolle sowohl für die konkreten Aktivitäten als auch für das Charisma des Ordens.

Die regelmäßig stattfindenden „Generalkapitel" (alle sechs Jahre) versuchen nicht nur Bestandsaufnahmen, sondern auch Akzente für den weiteren Weg der Gesellschaft zu setzen, die dann auf kontinentalen und nationalen Ebenen umzu-

---

[1] *Eberhard Jüngel*, Mission und Evangelisation, in: ders., Ganz werden. Theologische Erörterungen V, Tübingen 2003, 115–136, hier: 155.
[2] Vgl. *Stephen B. Bevans / Roger P. Schroeder*, Prophetic Dialogue. Reflections on Christian Mission Today, Maryknoll/NY 2011, 13–15.

setzen sind. Im Abschlussdokument des 15. Generalkapitels von 2000 heißt es daher: „Der veränderte und sich weiter ändernde Kontext der Mission heute verlangt von uns dringlicher denn je eine neue missionarische Antwort. Der Ausgangspunkt dafür muss immer die Überzeugung sein, dass Mission an erster Stelle ‚Werk des Geistes' (RM 24) ist und dass unsere Berufung als Einladung zur Mitarbeit an der Mission des Dreieinigen Gottes zu verstehen ist. Durch den Willen des Vaters und das Wirken des Heiligen Geistes vermittelt das Göttliche Wort der Welt Leben und führt uns so enger zusammen."[3] Und weiter: „Unsere Diskussionen im Kapitel haben bestätigt, dass sich unser Verständnis von Mission ad gentes von einer ausschließlich geographischen Ausrichtung hin zu missionarischen Situationen verlagert hat. Aus unseren Konstitutionen, aus der Arbeit vergangener Kapitel, sowie im weiteren Rahmen, in dem sich unsere Sendung heute vollzieht, lassen sich vier neuralgische Momente herauskristallisieren, die nach unserer Antwort fragen: *Erstverkündigung und Re-Evangelisierung; Engagement für die Armen und Ausgegrenzten; interkulturelles Zeugnis und interreligiöses Verständnis.* Man kann unsere spezifische missionarische Berufung in verschiedener Weise zum Ausdruck bringen. Am treffendsten, glauben wir, wird sie mit dem Wort ‚Dialog' oder, genauer, ‚prophetischer Dialog' definiert […]."[4]

1.1 Zum Werden des Steyler Missionswerkes

Das hier angedeutete Verständnis von Mission ist Ergebnis einer Entwicklung, die im Jahr 1875 mit der Eröffnung eines „deutschen Missionshauses durch Arnold Janssen (1837–1909) im niederländischen Dorf Steyl an der Maas begonnen hatte. Eine Gründung in Deutschland war wegen des Kulturkampfes nicht möglich gewesen. Der missionarische Aufbruch im 19. Jahrhundert im Allgemeinen und das in Frankreich entstandene Gebetsapostolat[5] im Besonderen hatten Janssen tief beeinflusst. Mission hieß für ihn „*Menschen zu retten. Missionare sind so Gottes Mitarbeiter bei der Ausführung seines Willens ‚Menschen durch Menschen* [zu] *retten'* […]."[6] Janssen unterstrich, dass die Liebe Gottes zu den Menschen das Hauptmotiv für Mission wäre und dafür, dass Missionare sich an der „Rettung" der Menschen beteiligen müssten: „Mitarbeiter Gottes zu sein heißt, mit Gott die Menschen zu lieben. *Mission ist ein Werk der Nächstenliebe. Ja, es ist das höchste Werk der Nächstenliebe – denn was ist wichtiger als das ewige Heil der Menschen?"*[7] Von diesen Gedanken um das Heil der Menschen angetrieben, verstand Arnold Janssen Mission vor allem als „Heidenmission", d.h. als Einsatz für das Heil der Menschen, die weder Jesus Christus noch die Kirche kann-

---

[3] *Generalat* SVD, Dokumente des 15. Generalkapitels SVD 2000 (Im Dialog mit dem Wort 1), Rom 2000, Nr. 34.
[4] Ebd., Nr. 52 f.
[5] Und zwar vor allem in den Schriften des französischen Jesuiten *Henri Ramière*, der sich der Idee eines Gebetsapostolates rund um die Herz-Jesu-Verehrung widmete. Arnold Janssen befasste sich v. a. mit dessen Werk L'Apostolat de la prière, Lyon–Paris 1861. In deutscher Übersetzung: Der Gebetsapostolat, ein Bund frommer Christenherzen, um in Gemeinschaft mit dem Herzen Jesu den Triumph der Kirche und das Heil der Seelen zu erzielen, Saarlouis 1865.
[6] *Jürgen Ommerborn*, Arnold Janssen's Understanding of Mission in the Context of His Times, part I, Verbum SVD 49 (2008), 250.
[7] Ebd.

ten. Das entsprach dem Missionsverständnis des 19. Jahrhunderts, das nicht nur von einem kirchlichen Exklusivismus („außerhalb der Kirche kein Heil"), sondern auch von Eurozentrismus geprägt war.

Aus der Gründung in Steyl ging das Steyler Missionswerk hervor, und wenige Jahre später (1879) konnten bereits die ersten Missionare nach China gesandt werden. Das Werk breitete sich rasch aus. Auf allen Erdteilen wurden Missions- und Arbeitsgebiete übernommen. „Als er [Arnold Janssen] am 15. Januar 1909 starb, arbeiteten (vor allem europäische) Steyler Missionare in allen Kontinenten."[8]

1.2 Zur Situation heute

Seit damals hat sich Wesentliches nicht nur im Verständnis von Mission, sondern auch in der Wirklichkeit der Steyler Missionare verändert. Die gut 6000 Mitglieder des Ordens sind inzwischen in etwa 80 Ländern tätig. Von diesen stammen ca. 55% aus Asien, ca. 29% aus Europa, ca. 11% aus Amerika und ca. 5% aus Afrika und Madagaskar. Sie arbeiten heute als Missionare nicht nur in Afrika, Asien, Ozeanien und Südamerika, sondern auch in Europa und Nordamerika. Gerade die „Mission in Europa" spielt für das veränderte Selbstverständnis des Ordens eine bedeutende Rolle.[9]

In ihrer Sendung leben und arbeiten die Steyler in interkulturellen missionarischen Teams mit Menschen aus unterschiedlichen Traditionen und Kulturen. So können sie die neuen Entwicklungen in der Welt von heute direkt erfahren, die zumeist komplexe Probleme für die Menschen mit sich bringen. Diese sind der Kontext ihrer Missionsarbeit. Im Rahmen des 15. Generalkapitel wurden solche neuen Trends des 21. Jahrhundert analysiert.[10] Die Globalisierung, die Urbanisierung, die Migration, die Flüchtlingsproblematik und die Vertreibungen sind dabei Schlüsselwörter. Dadurch und aufgrund neuer Verkehrs- und Kommunikationstechnologien stehen die Menschen aus unterschiedlichen Kulturen heute im engeren Kontakt zueinander. Manche Gruppen werden in eine weltweite Einheitskultur gezwungen und manche an den Rand der Gesellschaft gedrängt oder ausgeschlossen (marginalisiert), weshalb viele Spannungen entstehen, die oft in Gewalt münden. Im religiösen Bereich nehmen die fundamentalistischen Haltungen zu, zugleich aber wachsen auch die Offenheit und das Interesse an anderen Religionen oder religiösen Traditionen. Im wirtschaftlichen Bereich wird die Kluft zwischen Arm und Reich trotz der Entwicklung neuer Technologien und globaler Wirtschaftskreisläufe immer größer. Dabei beutet das freie Wirtschaftssystem die Ressourcen der Erde aus und hinterlässt großen Schaden für das Ökosystem.

1.3 Mission als „prophetischer Dialog"

Angesichts dieser Realitäten wird den Mitgliedern der Gesellschaft des Göttlichen Wortes empfohlen, in ihrem missionarischen Einsatz sich dem prophetischen Dialog zuzuwenden, der als die angemessenste Antwort auf die genannten Herausforderungen erscheint (15. Generalkapitel). Die Verkündigung des Evangeliums soll das konkrete Leben berühren. Das heißt, die praktische Aufgabe der Steyler Missio-

---

[8] Vgl. *Fritz Bornemann*, Geschichte unserer Gesellschaft, in: Analecta SVD 54 (1981), 25.
[9] Siehe dazu beispielsweise: *Martin Üffing*, Missionar-sein in Europa – missionswissenschaftliche Überlegungen, in: *ders.* (Hg.), Mission seit dem Konzil, Sankt Augustin 2013, 177–219.
[10] *Generalat* SVD, Dokumente des 15. Generalkapitels (s. Anm. 3), Nr. 15–20.

nare besteht darin, die Lebenswirklichkeiten der Menschen genau wahrzunehmen und zu analysieren, um im Dialog mit den Menschen neue Wege zu finden.

Hierbei führen die Missionare diesen Dialog aus der Überzeugung ihres Glaubens, den sie in ihrem persönlichen wie im gemeinsamen Leben ständig zum Ausdruck bringen. Schließlich müssen sie die Menschen einladen, in der Communio, also im Reich Gottes, dem Reich der Liebe, zu leben. Das ist das letzte Ziel des prophetischen Dialogs. Als bevorzugte Partner für diesen Dialog nennt das Generalkapitel: (1) Menschen, die keiner Glaubensgemeinschaft angehören und diejenigen, die auf der Suche nach dem Glauben sind; (2) Menschen, die arm und an den Rand gedrängt sind; (3) Menschen verschiedener Kulturen und (4) Menschen unterschiedlicher Glaubenstraditionen und säkularer Ideologien.[11]

Es geht beim „prophetischen Dialog" um das Zeugnis für das Reich Gottes, das universal ist und von dem niemand ausgeschlossen ist. DIALOG deshalb, weil Zeugnis in einem Prozess geschieht, in dem Respekt, Achtung, Liebe, Zuhören, voneinander lernen usw. eine Rolle spielen. Der Missionar ist nicht jemand, der schon alles weiß, Rezepte mitbringt und auf alle Fragen und Herausforderungen eine Antwort parat hält. Der Missionar ist vielmehr jemand, der sich auf die Menschen einlässt, mit den Menschen lebt, keine Berührungsängste hat. Er fängt nicht gleich an zu predigen, vielmehr geht es um das gemeinsame Leben. Im Handeln ist eigentlich schon alles gesagt, was gesagt werden muss. Darüber hinaus ist dieser Dialog PROPHETISCH: Er geschieht nicht von einer neutralen Position aus, sondern auf der Grundlage christlichen Glaubens und christlicher Überzeugungen. Und je weiter der gemeinsame Weg gegangen wird, desto deutlicher wird auch das Zeugnis: das Reich Gottes ist durch den prophetischen Dialog gekennzeichnet von vier Anliegen („charakteristischen Dimensionen"), denen die Steyler Missionare besondere Aufmerksamkeit widmen: Bibelapostolat, missionarische Bewusstseinsbildung, der Einsatz für Gerechtigkeit, Frieden und Bewahrung der Schöpfung und die Kommunikation.[12] Diese Anliegen sind in der Haltung des prophetischen Dialogs umzusetzen.

2 Missionstheologie

Bedeutende Anstöße für das gerade beschriebene Verständnis gingen vom Zweiten Vatikanischen Konzil aus. Hier seien nur einige wenige Dokumente seit 1965 erwähnt: *Ad Gentes* (Missionsdekret des Konzils 1965), *Evangelii Nuntiandi* (Paul VI., 1975), *Redemptoris Missio* (Johannes Paul II., 1990) sowie *Evangelii Gaudium* (Franziskus, 2013). Sie sind Meilensteine auf dem Weg zur Ausarbeitung eines neuen Missionsverständnisses auf der Ebene der Universalkirche. Andere Anstöße gingen von kontinentalen Bischofskonferenzen v. a. in Lateinamerika und Asien aus. All diese Dokumente und Entwicklungen sind eine Fortführung dessen, was schon früher begonnen hatte, etwa in der Enzyklika *Maximum Illud* von Benedikt XV. (1919). Es sind theologische Überlegungen, die sich auch aus der konkreten Praxis der Mission ergeben. Sowohl die römischen als auch die Schreiben kontinentaler Bischofs-

---

[11] Ebd., 30–38.
[12] Ebd., 72.78.

konferenzen betrachten Mission demnach aus jeweils eigenen Perspektiven. Sie alle ergeben in der Zusammenschau Elemente gegenwärtiger kirchlicher Missionsverständnisse (im Plural!), die in der Perspektive ihrer Kontexte zu verstehen sind.

In seinem Werk „Transforming Mission"[13] erläutert David Bosch Begriffe, die für die gegenwärtige Teilnahme der Kirche(n) an der Mission Gottes zentral sind: Mission als *Missio Dei*, als Vermittlung von Heil, als Frage nach Gerechtigkeit, als Evangelisation, als Befreiung, als Inkulturation, um nur einige zu nennen.

2.1 „Missio Dei"

Mission als „prophetischer Dialog" findet seine theologische Grundlegung darin, dass die Initiative zur Mission von Gott selbst ausgeht. Gott ruft Menschen zur Teilnahme an dieser Mission – im Alten und im Neuen Testament finden sich dafür zahlreiche Beispiele. Es gibt Mission nicht, weil die Kirche damit begonnen hätte, sondern weil Gott als der Handelnde die Quelle der Liebe ist. *Missio Dei* besagt, dass Gott, der die Liebe ist, nach einem Gegenüber sucht und so zum Ursprung der Mission wird. Der dreifaltige Gott ist in sich Gemeinschaft, Bewegung, Dynamik. Die Kirche hat ihren Ursprung „aus der Sendung des Sohnes und der Sendung des Heiligen Geistes […] gemäß dem Plan Gottes des Vaters." (AG 2). Das wird auch in *Dei Verbum*, der Offenbarungskonstitution des Zweiten Vatikanischen Konzils, unterstrichen, wenn es dort heißt: „Gott hat in seiner Güte und Weisheit beschlossen, sich selbst zu offenbaren und das Geheimnis seines Willens kundzutun (vgl. Eph 1,9): dass die Menschen durch Christus, das fleischgewordene Wort, im Heiligen Geist Zugang zum Vater haben und teilhaftig werden der göttlichen Natur (vgl. Eph 2,18; 2 Petr 1,4). In dieser Offenbarung redet der unsichtbare Gott (vgl. Kol 1,15; 1 Tim 1,17) aus überströmender Liebe die Menschen an wie Freunde (vgl. Ex 33,11; Joh 15,14–15) und verkehrt mit ihnen (vgl. Bar 3,38), um sie in seine Gemeinschaft einzuladen und aufzunehmen […]" (DV 2) Die Initiative geht von Gott aus – Gott lädt Menschen ein und Menschen antworten auf diese Erfahrung: „*Was von Anfang an war, was wir gehört haben, was wir mit unseren Augen gesehen, was wir geschaut und was unsere Hände angefasst haben, das verkünden wir: das Wort des Lebens. Denn das Leben wurde offenbart; wir haben gesehen und bezeugen und verkünden euch das ewige Leben, das beim Vater war und uns offenbart wurde. Was wir gesehen und gehört haben, das verkünden wir auch euch, damit auch ihr Gemeinschaft mit uns habt. Wir aber haben Gemeinschaft mit dem Vater und mit seinem Sohn Jesus Christus.*" (1 Joh 1,1–3) Aus der Menschwerdung des göttlichen Wortes (Prolog Johannesevangelium; Phil 2,6–11; Hebr 1,14 …) und aus der Möglichkeit, mit dem menschgewordenen göttlichen Wort auch heute in Dialog zu treten, ergeben sich Konsequenzen für die, die an ihn glauben und ihm nachfolgen.

2.2 Dialog

Die Mission, die von Gott selbst ausgeht, ist zutiefst dialogisch. Dialog war ein zentrales Stichwort der Erneuerung der Kirche im Zweiten Vatikanischen Konzil.[14]

---

[13] In Deutsch: *David Bosch*, Mission im Wandel, Gießen 2011 (Original: Maryknoll/NY 1991).
[14] Siehe dazu: Bischof *Karl Lehmann*, Vom Dialog als Form der Kommunikation und Wahrheitsfindung in der Kirche heute. Eröffnungsreferat bei der Herbstvollversammlung der Deutschen

Die Öffnung der Kirche nach innen wie nach außen sollte vornehmlich mit Hilfe des Dialogs erfolgen. Auch die Beziehung des Menschen zu Gott kam in vielen Konzilstexten vorwiegend in der Form des Dialogs zum Ausdruck. Diese Öffnung steht in Verbindung mit der Beschreibung der Kirche als Grundsakrament für das Heil der Welt. Die Sendung der Kirche sollte sich vom Wesen des Heilsgeheimnisses her als dialogische Vermittlung vollziehen. In *Ecclesiam Suam* schreibt Papst Paul VI.: „Niemand ist ihrem [der Kirche] Herzen fremd. Niemanden betrachtet sie, als hätte er mit ihrer Aufgabe nichts zu tun. Niemand ist ihr Feind, der es nicht selbst sein will. Nicht umsonst nennt sie sich selbst katholisch, nicht vergebens ist sie beauftragt, in der Welt Einheit, Liebe und Frieden zu fördern."[15] Der Papst spricht über den Dialog nicht einfach als eine heute allgemeine Umgangsform oder eine neutrale Methode. Er meint ein Sprechen und Handeln, das stets vom Tun Gottes und vom Glauben der Kirche geprägt ist. „[…] Dialog ist immer auch für alle Beteiligten eine Herausforderung. Es geht darum, auf den anderen zu hören, im Zeugnis sich selbst zu öffnen und zu lernen, aber auch darum, im Wagnis den Ausgang und die Fruchtbarkeit des Dialogs einem anderen zu überlassen […]."[16]

Eine solche (dialogische) Haltung wird schwerfallen, wenn man die Kontrolle nicht abgeben kann oder will – und sie setzt eine gehörige Portion Gottvertrauen voraus. Dialog meint grundsätzlich einen Stil der Offenheit und Gesprächsbereitschaft in allen Lebensäußerungen. „[…] Mit Dialog ist eine Grundhaltung gemeint; eine Grundhaltung der Neugierde und des Verstehenwollens […] das dialogische Prinzip ist das Ferment einer sich wandelnden Kirche […] Die Kirche hat sich selbst und der ganzen Welt eine neue Idee, ein neues Verfahren und eine neue Hoffnung gegeben."[17]

Seit dem Konzil und *Ecclesiam Suam* gehört das Wort „Dialog" zum festen kirchlichen Sprachgebrauch. Im Zusammenhang mit dem Verhältnis zu anderen Religionen wird vom „interreligiösen Dialog" gesprochen, doch weitet die „Föderation der Asiatischen Bischofskonferenzen" (FABC, seit 1974) den Gebrauch des Begriffs aus und spricht von der Evangelisierung in Asien als einem dreifachen Dialog des Christentums mit Menschen anderer Religionen, verschiedener Kulturen und mit Menschen, die arm und ausgestoßen sind.[18]

Das Thema Dialog spielt spätestens seit dem Pontifikat Johannes Paul II. (1978–2005) in der theologischen Diskussion eine zentrale Rolle. Am 10. Mai 1984 veröffentlichte das Sekretariat für Nichtchristen das Dokument „Dialog und Mission"[19], das Mission in einem weiten Sinn als Dienst am Kommen des Reiches Gottes versteht. Es geht nicht einfach um die Ein-

---

Bischofskonferenz in Fulda, Bonn 1994 (Schriften des Vorsitzenden der Deutschen Bischofskonferenz 17, 19. September 1994).

15 Papst *Paul* VI., „Ecclesiam Suam", in: Herderkorrespondenz 18 (1963/64), 567 ff.
16 *Hanspeter Heinz*, „Kirche im Dialog – Dialog in der Kirche", in: *Annette Schavan* (Hg.), Dialog statt Dialogverweigerung. Impulse für eine zukunftsfähige Kirche, Kevelaer ²1995, 85 ff.
17 *Annette Schavan* (Hg.), Dialog statt Dialogverweigerung (s. Anm. 16), 15.
18 In diesem Zusammenhang sei auf ein von der *FABC* herausgegebenes Werk mit Texten zum Thema Dialog verwiesen: Dialogue – Resource Manual for Catholics in Asia, Bangkok 2001.
19 Eigentlich: „Die Haltung der Kirche gegenüber den Anhängern anderer Religionen. Gedanken und Weisungen über Dialog und Mission". Siehe in: *Ernst Fürlinger*, Der Dialog muss weiterge-

pflanzung der Kirche oder die Bekehrung von „Heiden", sondern um den umfassenden Einsatz für den Menschen, wie er sich aus Botschaft und Handeln Jesu im Evangelium ergibt. Und so ist der Dialog vor allem eine Weise zu handeln, eine Haltung und ein Geist, der das eigene Verhalten leitet. „Er enthält Aufmerksamkeit, Respekt und Gastfreundschaft gegenüber den anderen. Er lässt Raum für die Identität des anderen, seine Ausdrucksweisen und seine Werte. *Dialog ist daher die Norm und die notwendige Weise jeder Form christlicher Mission, als auch von jedem ihrer Aspekte, sei es einfache Präsenz, Zeugnis, Dienst oder direkte Verkündigung. Jede Mission, die nicht von einem solchen dialogischen Geist durchdrungen ist, würde gegen die Forderungen echter Menschlichkeit und gegen die Lehren des Evangeliums verstoßen.*"[20]

2.3 „Harmonie" als Ziel von Mission

Mission in diesem Sinne bedeutet immer ein Überschreiten von Grenzen („passing over") hin zu „anderen" Menschen. Es geht darum, Einheit und Leben im Sinne der Botschaft Jesu vom Reich Gottes zu suchen – in offenen und toleranten Begegnungen, auf der Suche nach Wegen des Zusammenlebens, im gemeinsamen Einsatz für gemeinsame Werte vom Mensch-sein und Leben. Die FABC hat sich seit ihren Anfängen in den 1970er-Jahren auf die Suche nach einem „Symbol" gemacht, das auf asiatische Weise das Ziel christlicher Mission darstellen könnte und kommt dabei auf den asiatischen Begriff der Harmonie.[21] Gemeint ist damit der Einsatz für Gerechtigkeit, Liebe, Frieden und Leben. Konkret heißt das: Soziales Engagement für die Menschen – motiviert von Gottes allen geltenden Einladung in die Gemeinschaft mit ihm –, das dann eben auch Grenzen von Religionen, sogar die Grenzen des Christentums, überschreiten mag. Harmonie wird verstanden als ein Symbol, das den gesamten Menschen in seinen Beziehungen und Interaktionen mit anderen Menschen, mit dem Universum, mit dem Göttlichen anspricht. Eine Vision der Harmonie kann eine Quelle gemeinsamer Inspiration und ein Ziel gemeinsamen Handelns sein.

Und so ist christliche Mission immer auch kontextuell zu verstehen – ausgehend von der universalen Botschaft Jesu und seinem Verständnis, den Willen Gottes zu tun in den verschiedenen Kontexten unserer Welt, wo es Widersprüche zur Vision Jesu vom Reich Gottes gibt und auf welche Weise diesen Widersprüchen christlich und auch zusammen mit anderen zu begegnen ist.

Der Gründer der SVD kannte eine ganz andere Welt. Im Gebetsapostolat jedoch fand Arnold Janssen schon damals reichlich Gelegenheit, sich auf die Suche nach den „verlorenen Schafen" zu machen, von denen die Bibel spricht. Heute gibt es auch in Europa Millionen solcher „verlorener Schafe", Menschen, die sich den Kirchen entfremdet haben und weder in ihrem Leben noch in ihrem Tod einen Sinn sehen können. Kleine missionarische Lebensgemeinschaften der Zukunft müssen „Oasen" sein für alle, die auf der Suche nach „dem Weg, der Wahrheit und dem Leben" sind.

---

hen. Ausgewählte vatikanische Dokumente zum interreligiösen Dialog (1964–2008), Freiburg i. Br.–Basel–Wien 2009, 434–448.
[20] Dialog und Mission, 1984, 29.
[21] Siehe *Miguel M. Quatra*, At the Side of the Multitudes. The Kingdom of God and the mission of the Church in FABC documents, Manila 2000, vor allem: „3. A new mission in dialogue", 194 ff.

3 Abschluss

Die Steyler Missionare haben den Veränderungsprozess im Verständnis von Mission mitgetragen und mitvollzogen. Die Ordensgemeinschaft wurde als *„Gesellschaft des Göttlichen Wortes"* vom Hl. Arnold Janssen in der Hochblüte des Kolonialismus gegründet. Er war davon überzeugt, dass *„die Verkündigung der Frohbotschaft das erste und höchste Werk der Nächstenliebe ist"*, und so sandte er Steyler Missionare und Steyler Missionsschwestern in alle Kontinente. Bis heute ist die Frohe Botschaft Jesu vom Reich Gottes das Zentrum aller missionarischen Bemühungen.

Aber das Verständnis und die Praxis von Mission haben sich verändert. Dabei ist es der SVD zu Gute gekommen, dass die internationale Gemeinschaft in allen Kontinenten Wurzeln geschlagen hat und dort heimisch geworden ist. Vor allem in Asien lernten die Mitglieder der Gesellschaft den respektvollen, ja ehrfürchtigen Dialog mit Jahrtausende alten anderen religiösen Traditionen. In Afrika und Ozeanien wurde man konfrontiert mit kulturellen Gegebenheiten, die eine tiefgreifende Inkulturation des Evangeliums verlangten. In Lateinamerika machten Steyler den Schrei unterdrückter Völker nach Menschenwürde und Befreiung zu ihrem eigenen Anliegen. In Europa war der Orden zunehmend betroffen von der Entkirchlichung der Menschen, die einherging mit einer intensiven spirituellen Suche.

Diese verschiedenen Kontexte halfen, den Weg der Mission zunehmend als einen *„prophetischen Dialog"* zu begreifen mit Menschen anderer Religionen und Kulturen, mit Armen und Unterdrückten sowie mit Suchenden. *„Prophetisch"* ist der Dialog, weil die SVD sich aus der Perspektive der biblischen Offenbarung für den Aufbau des Reiches Gottes einsetzt. Dabei besteht die Überzeugung, dass Gott immer schon im Einsatz vieler Menschen und Gruppierungen am Wirken ist und dass Mission – wie es das Konzil sagt – Mitarbeit an der Mission Gottes ist, die auch schon von Menschen anderer Kulturen und Religionen praktiziert wird.

Dieses Verständnis von Mission wollen die Steyler Missionare aktiv in ihre Ortskirchen einbringen und in diesem der Kirche wesentlichen Bereich zur Klärung, zur Orientierung und zu neuer Motivation beitragen. So wollen die Steyler Missionare an einem tragfähigen Netz des Lebens, der Hoffnung und der Zukunft mitknüpfen, weil sie sich von der Liebe Christi dazu gedrängt fühlen (vgl. 2 Kor 5,14).

So wird „Dialog" als der Weg der Mission vorgeschlagen, weil das am ehesten dem Evangelium entspricht, ebenso wie dem heutigen Selbstverständnis der Menschen und den gesellschaftlichen Gegebenheiten. Dialog üben heißt Machtpositionen aufgeben, einander auf Augenhöhe begegnen, den Anderen in seinem Anderssein ernst nehmen und ihm/ihr wertschätzend zu begegnen. Es heißt, sich selbst auszusetzen und in einen Veränderungspro-

---

Weiterführende Literatur:
Stephen B. Bevans / Roger P. Schroeder, Constants in Context – A Theology of Mission for Today, Maryknoll/NY 2004.
Stephen B. Bevans / Roger P. Schroeder, Prophetic Dialogue – Reflections on Christian Mission Today, Maryknoll/NY 2011.
Michael Sievernich, Die Christliche Mission – Geschichte und Gegenwart, Darmstadt 2009.
Martin Üffing (Hg.), Mission seit dem Konzil, Sankt Augustin 2013.

zess hineingehen, so wie es uns Gott in Jesus Christus vorgelebt hat, der „sich entäußerte"(Phil 2,7), um uns befreiend zu begegnen.[22]

All das ist dann immer neu im Hinausgehen zu und der Begegnung mit den Menschen in konkrete Praxis umzusetzen. Der erste Schritt der Mission besteht im Erlernen der Lebenssituationen von Menschen, zu denen Missionare sich gesandt wissen. Ganz gleich aber, wer diese Menschen sind – Menschen auf der Suche nach dem Glauben oder Menschen, die arm und an den Rand gedrängt sind, Menschen verschiedener Kulturen oder unterschiedlicher Glaubenstraditionen –, Mission bleibt nicht beim Kennenlernen stehen, sondern sucht immer neu nach Wegen, die Botschaft des Evangeliums Jesu Christi zu vermitteln und anzubieten.

Der Autor: *Prof. P. Dr. Martin Üffing SVD, seit 2016 Provinzial der deutschen Provinz der Steyler Missionare ist Missionswissenschaftler, Mitglied des Steyler Missionswissenschaftlichen Instituts St. Augustin und Professor für Missionswissenschaft an der Kölner Hochschule für Katholische Theologie (KHKT, bisher Philosophisch-Theologische Hochschule SVD St. Augustin); von 1992–2002 Tätigkeit auf den Philippinen an der Divine Word School of Theology und am Divine Word Seminary in Tagaytay City sowie seit 1996 Lehrtätigkeit am Institute for Consecrated Life in Asia (ICLA) in Quezon City. Neben seiner Lehrtätigkeit war er seit1994 in der Ausbildung zukünftiger Missionare tätig. Veröffentlichungen: „Theologie als Grundlage der Missions- und Entwicklungszusammenarbeit", in: Missionszentrale der Franziskaner e.V., Frage nicht, wie wir die Welt bekehren! (Gründe Reihe 119), Bonn 2020, 6–21; „Intercultural Living: Exploration in Missiology" (Herausgeber und Co-Autor, mit Lazar T. Stanislaus), Maryknoll/NY, 2018. „Von der Dynamik, anders zu glauben", in: Klaus Krämer / Klaus Vellguth, Inkulturation. Gottes Gegenwart in den Kulturen (ThEW 12), Freiburg i. Br.–Basel–Wien 2017, 170–195.*

---

[22] *Franz Helm* SVD, Missionsverständnis auf dem Prüfstand. Aktuelle Tendenzen in der Kirche Österreichs, in: bilum 1 (2009), 4 f.; online: https://www.steyler.eu/media/svd/docs/Dokumente-AT/ZSG/bilum/bilum-1/Zusaetze/Missionsverstaendnis.pdf [Abruf: 04.05.2020].

Wolf-Gero Reichert

Mission und Entwicklung im Angesicht des Dschagannath-Wagens

Ein Werkstattbericht zur weltkirchlichen Arbeit der Diözese Rottenburg-Stuttgart in sozialethischer Perspektive

◆ Ausgehend von der Beobachtung, dass drängende Probleme unserer Zeit häufig nicht lokal begrenzt sind, sondern Menschen auf der ganzen Welt betreffen, fragt dieser Werkstattbericht danach, wie weltkirchliche Arbeit einer Diözese in Deutschland – hier am Beispiel Rottenburg-Stuttgarts – gestaltet werden kann. Der Beitrag hebt hervor, dass Kirche als globales Netzwerk von Diözesen, die auf vielfältige Weise miteinander verbunden sind, sich sowohl um die Förderung der Menschen vor Ort kümmern als auch die wechselseitige Verbundenheit ernst nehmen soll. Wie daraus eine verantwortungsvolle und für alle befruchtende Solidarität entstehen kann, zeigt der Beitrag an konkreten Beispielen auf. (Redaktion)

Dschagannath heißt der Prozessionswagen, der in Indien zu Ehren des Gottes Vishnu-Krishna durch die Straßen gefahren wurde. Aufgrund von Größe und Gewicht ist er nur schwer zu steuern und kaum mehr zu bremsen, wenn er einmal in Fahrt kommt. Man sagt, dass immer wieder Gläubige dabei auch unter die Räder gekommen sind. Für den britischen Soziologen Anthony Giddens steht dieser Dschagannath als Bild für eine globalisierte Hochmoderne, deren Institutionen sich weltweit mit immer größerer Kraft entfalten. Er denkt dabei an die Weltwirtschaft mit ihrer internationalen Arbeitsteilung, aber auch an Wissenschaft, Technik und den globalisierenden Einfluss der Medien. Der Dschagannath-Wagen sei „eine nicht zu zügelnde und enorm leistungsstarke Maschine, die wir als Menschen kollektiv bis zu einem gewissen Grade steuern können, die sich aber zugleich drängend unserer Kontrolle zu entziehen droht und sich selbst zertrümmern könnte"[1]. Die dadurch geformte „Weltgesellschaft ist nicht beständig und stabil, sondern angstbeladen und von tiefreichenden Gegensätzen gezeichnet"[2]. Es überrascht daher nicht, dass sich nicht mehr nur Menschen in den peripheren Ländern des globalen Südens angesichts dieser Entwicklung, die sich tief auf ihre Traditionen und ihr alltägliches Leben auswirkt, oft als machtlos erleben.

Zugleich zeigt die Ankunft von Geflüchteten und Migranten in Deutschland eindrucksvoll, wie das Leben in Mitteleuropa mittlerweile mit den politischen, wirtschaftlichen, sozialen, kulturellen so-

---

[1] *Anthony Giddens*, Konsequenzen der Moderne (stw 1295), Frankfurt a. Main ³1999, 173.
[2] *Ders.*, Entfesselte Welt. Wie die Globalisierung unser Leben verändert (Edition Suhrkamp 2200), Frankfurt a. Main 2001, 31.

wie religiösen Verhältnissen weltweit verbunden ist. Die Migranten lehren uns, dass die Trennung zwischen „armem Süden" und „reichem Norden" als geografische Beschreibung immer mehr an Bedeutung verliert. „Süd" und „Nord" werden zu sozialen Begriffen.³ Die Brüche und Konfliktlinien zwischen arm und reich, zwischen Profiteuren und Ausgeschlossenen, durchziehen längst alle Gesellschaften und bilden nicht mehr eine geografische Trennlinie. Auch die Herausforderungen haben sich globalisiert: die weltweite Erwärmung, Migration und Flucht, Krankheiten und Pandemien, Terror und Krieg sind Menschheitsprobleme, deren Lösung international angelegt sein muss – oder deren Steuerung zumindest, eingedenk des Bildes des Dschagannath-Wagens und seinen Implikationen, global angegangen werden muss.

Was bedeutet diese kurze Gegenwartsdiagnose für die weltkirchliche Arbeit einer Diözese in Deutschland? Welche Konsequenzen lassen sich für ein kirchliches Handlungsfeld ableiten, das im 20. und 21. Jahrhundert von den Begriffen Mission und Entwicklung geprägt worden ist? Im Folgenden sollen die großen Begriffe Weltkirche (1) sowie Mission und Entwicklung (2) auf ihre konkrete Praxisrelevanz hin befragt werden. Anschließend werden mit der Partnerschafts-, der Projektzusammen- und der Kampagnenarbeit drei Handlungsfelder exemplarisch auf ihre Potenziale hin befragt, Solidarität zu globalisieren (3).

1 Was ist Weltkirche?

Die katholische Kirche ist Weltkirche. Dies kann man in verschiedenen Hinsichten verstehen. Geografisch gesehen gibt es in (fast) jedem Land der Erde Menschen, die sich zum Glauben an Jesus Christus bekennen, und es existieren kirchliche Strukturen, die diesem Glauben einen Rahmen geben wollen; gleichzeitig suchen katholische Migranten auch kirchlich – zeitweilig oder dauerhaft – eine neue Heimat und bringen damit Weltkirche mit. Ekklesiologisch kommt das in der Unterscheidung von Orts- und Weltkirche zum Ausdruck. Jede Diözese ist als Ortskirche eine solche im vollumfänglichen Sinne, aber nur, wenn sie mit den anderen Diözesen und mit Rom in Verbindung bleibt und damit immer auch Weltkirche ist (LG 23).⁴ Soziologisch kann die Weltkirche damit auch als globales Netzwerk von Diözesen beschrieben werden, das durch regionale Bischofskonferenzen, Synoden und den Papst koordiniert wird. Sozialethisch kann der Begriff „Weltkirche" – im Sinne von 1 Kor 12 – auch so verstanden werden, dass dieser „eine Leib mit vielen Gliedern" zur wechselseitigen Solidarität verpflichtet ist. Und schließlich auch administrativ – am Beispiel der Diözese Rottenburg Stuttgart – betrachtet: Diese hat im Jahr 1967 eine eigene Abteilung *Weltkirche* auf Leitungsebene eingerichtet, um den missionarischen Aufbrüchen, die Bischof Carl Joseph Leiprecht (1903–1981) und Prälat

---

³ *Markus Büker*, Einführung in die Bausteine, in: *Bischöfliches Hilfswerk MISEREOR e. V.* (Hg.), Bausteine zur Enzyklika Laudato Si'. Über die Sorge für das gemeinsam Haus von Papst Franziskus, Aachen ²2015, 4; online: https://www.misereor.de/fileadmin/publikationen/bausteine-zur-enzyklika-laudato-si.pdf [Abruf: 21.04.2020].
⁴ Das weltweit explodierende Phänomen der Pfingstkirchen kennt dieses Charakteristikum nicht, da sie sich ja gerade als Gemeinden definieren, die selbstständig und selbstbestimmt sind und deren Zusammenhang eher locker bleibt.

Eberhard Mühlbacher († 2016) auf dem Zweiten Vatikanum erlebt haben, zu begegnen und diese zu unterstützen.[5] Diese Abteilung stellt eine von 16 Hauptabteilungen dar, deren Aufgabe es ist, mit Partnerdiözesen Kontakt zu halten und verschiedene Austauschprozesse zwischen den Diözesen und ihren jeweiligen Kirchengemeinden, Ordensgemeinschaften und Verbänden zu organisieren – kommunikativ, finanziell, spirituell.

2 Was kann Mission und Entwicklung angesichts globaler Herausforderungen bedeuten?

Eine grundlegende Aufgabe der Hauptabteilung Weltkirche ist es, Partnerdiözesen in ihrer missionarischen Arbeit zu unterstützen. Gegenüber anderen Akteuren der Entwicklungszusammenarbeit bringt dies den Vorteil mit sich, unabhängig von der (demokratischen) Qualität der Regierungsführung mit Partnern zusammenarbeiten zu können, die inhärenter Teil der jeweiligen Zivilgesellschaft und dadurch nah an der Lebenswirklichkeit der Menschen sind. Welcher Begriff von Mission dabei tragend ist, zeigt am besten ein Einblick in die Praxis: Typischerweise gestaltet sich die Gründung einer Missionsstation beispielsweise in Indien so, dass ein Team – zumeist ein Pfarrer und zwei oder drei Ordensschwestern – sich in einem Dorf niederlässt, sich also in einem Haus einmietet und langsam die für die missionarische Arbeit erforderliche Infrastruktur aufbaut. Meist werden zunächst eine Schule oder eine Gesundheitsstation eingerichtet, die unter anderem Programme zur Alphabetisierung und zur Bewusstseinsbildung aufweisen. Durch diese ganzheitliche Entwicklungsarbeit zum Heil der Menschen formt sich langsam eine Gemeinde, die irgendwann auch eine Kapelle oder eine Pfarrkirche benötigt.[6]

Insofern geht es bei der Projektförderung seitens der Diözese Rottenburg-Stuttgart immer um konkrete Menschen und ihre Bedürfnisse. Ihr Anliegen ist es, bei den Menschen zu sein und ihre Teilhabe an Nahrung, Wohnraum, Arbeit, Bildung, Gesundheit und kirchlichen Grundvollzügen zu ermöglichen. Mission und Entwicklung als Begriffe sind damit enger miteinander verbunden, als es in säkularen Diskursen erscheinen mag. Mission zielt mit Papst Franziskus darauf ab, das „Reich Gottes präsent zu machen" (EG 176). In der Zeugnisgabe dafür geht es immer auch um den Einsatz für „eine Welt, in der alle unter gerechten und menschenwürdigen Bedingungen leben können"[7].

Allerdings gilt es, gerade in Zeiten des Dschagannath-Wagens, zu fragen: Wer „missioniert" und wer „entwickelt" eigentlich wen? Im Sinne kommunikativer Austauschprozesse sieht sich die Hauptabteilung Weltkirche auch als Seismograf für kirchliche und (welt-)gesellschaftliche

---

[5] *Thomas Broch*, Getragen vom pfingstlichen Ereignis des Konzils, in: *Johannes Bielefeld / Thomas Broch / Heinz Detlef Stäps* (Hg.), Eine.Welt.Kirche. 50 Jahre weltkirchliche Solidarität in der Diözese Rottenburg-Stuttgart, Ostfildern 2017, 47 f.

[6] Die meisten Begünstigten katholischer Schulen oder Gesundheitseinrichtungen sind in Indien in der Regel Hindus und Muslime. In Gebieten, in denen es Konversionsverbote gibt, unterbleiben die formale Gründung von Gemeinden und der Bau von Kapellen oder Kirchen meist ganz.

[7] Weltkirchliche Arbeit in der Diözese Rottenburg-Stuttgart. Grundsatzbeschluss des Sechsten Diözesanrats der Diözese Rottenburg-Stuttgart, Rottenburg 2007, 6.

Entwicklungen, von denen Kirche und Gesellschaft in Deutschland lernen und profitieren können. Dies kann angesichts des Klimawandels bedeuten, den Blick auf den Lebensstil der Menschen in Deutschland zu lenken und dafür zu sensibilisieren, wie sich dieser auf die Bedingungen eines menschenwürdigen Lebens auf den Marshallinseln auswirkt,[8] und zu fragen, inwiefern selbiges die Christinnen und Christen hierzulande in ihrem politisch-prophetischen Handeln herausfordert.[9]

Ein anderes Beispiel ist das Feld der pastoralen Strukturen. Mehr und mehr ist man bereit, von den Erfahrungen in anderen Teilen der Welt zu lernen. Denn wo wir gerade erst beginnen, über neue Strukturen nachzudenken – schließlich reicht die Anzahl der pastoralen Mitarbeiterinnen und Mitarbeiter für die bestehenden Gemeindestrukturen schon lange nicht mehr aus –, können wir von unseren weltweiten Partnern lernen, die schon lange mit einer viel geringeren Zahl von Hauptamtlichen eine weitaus größere Anzahl von Gläubigen betreuen. Kleine christliche Gemeinschaften ohne Hauptamtliche sind ein Modell, das sich in vielen Teilen der Welt bewährt hat. Es stärkt das Engagement und die Verantwortung von Laien und es fördert das spirituelle Wachstum der Gemeinden.[10]

Ein hierbei hilfreiches Missionsverständnis schließt an den Begriff der Solidarität an. Mission beruht dann auf Gegenseitigkeit und versteht die (Welt-)Kirche als soziales Gebilde, welches sich im Lichte des Reiches Gottes und mit Blick auf lokale und globale Zukunftsherausforderungen verändern muss. Nach Friedhelm Hengsbach hat eine solche Solidarität drei Bestandteile: ein Gefühl wechselseitiger Verbundenheit, ein Bewusstsein gegenseitiger Verpflichtung und ein darüber hinausreichendes gemeinsames Verständnis, dass die jeweilige Gemeinschaft und ihre Ziele sich als berechtigte Interessen ausweisen lassen.[11]

Im Anschluss daran hat der sechste Diözesanrat der Diözese Rottenburg-Stuttgart in seinem Grundsatzbeschluss von 2007 der Hauptabteilung Weltkirche eine solche „Mission" ins Stammbuch geschrieben: Sie solle vollziehen, was Weltkirche dem Begriff nach ist, und sich damit für die Verwirklichung von „Solidarität mit anderen Ortskirchen"[12] einsetzen. Konkret kann dies mit Hengsbach bedeuten: Die Zugehörigkeit zum weltkirchlichen Netzwerk der Diözese Rottenburg-Stuttgart wird von den Mitgliedern erstens für so bedeutsam gehalten, dass es zu einem wechselseitigen Verbundenheitsgefühl führt. Zweitens geht das Bewusstsein damit einher, dass gegenseitige Hilfen erwartet werden können. Drittens wird implizit unterstellt, dass dieses Netzwerk keine exklusive Kampfgemeinschaft zur Durchsetzung von Partikularinteressen darstellen will, sondern dass seine Ziele berechtigten Interessen entspre-

---

[8] *Kira Vinke*, Die zweite Welle der Migration. Klimafolgen auf den Marshallinseln, in: Der geteilte Mantel. Das Magazin zur Weltkirchlichen Arbeit der Diözese Rottenburg-Stuttgart, Rottenburg 2019, 24 f.
[9] *Gebhard Fürst*, Nansen-Pass für Klimaflüchtlinge? Globale Tragödien erfordern mutige Lösungen, in: ebd., 46 f.
[10] *Ramesh Lakshmanan*, Basic Ecclesiastical Communities. Neue Wege zu einer partizipativen Kirche, in: Der geteilte Mantel. Das Magazin zur Weltkirchlichen Arbeit der Diözese Rottenburg-Stuttgart, Rottenburg 2018, 44–47.
[11] *Friedhelm Hengsbach*, Die anderen im Blick. Christliche Gesellschaftsethik in den Zeiten der Globalisierung. Darmstadt ²2005, 79 f.
[12] Weltkirchliche Arbeit in der Diözese Rottenburg-Stuttgart (s. Anm. 7), 6.

chen.¹³ In Kurzform kann die Mission der Hauptabteilung Weltkirche damit folgendermaßen gefasst werden: Solidarität im partnerschaftlichen Netzwerk kirchlicher Akteure global gestalten und durch das Partnernetzwerk weltweite Solidarität, insbesondere mit Bedürftigen und Entrechteten, zu verwirklichen.

3 Globalisierung der Solidarität

Im Sinne gemeinsamer, aber differenzierter Verantwortung für eine weltweit handlungsfähige Kirche im Zeitalter des Dschagannath-Wagens kommt Ortskirchen wie der Diözese Rottenburg-Stuttgart aufgrund ihrer finanziellen Spielräume und ihrer relativen Nähe zu den Entscheidungszentren der Global Governance eine besondere Rolle zu, weltkirchliche Zusammenarbeit zu ermöglichen. Sie stößt dabei aber auch an innere und äußere Grenzen. Dies sei beispielhaft an den drei Handlungsfeldern Partnerschafts-, Projektzusammen- und Kampagnenarbeit aufgezeigt:

3.1 Qualifizierung von Partnerschaften

Um fruchtbare Austauschprozesse in der Weltkirche auf ein breites Fundament zu stellen, und damit dezentral möglichst viele Perspektivweitungen im Sinne weltkirchlichen, interkulturellen und globalen Lernens zu ermöglichen, wirbt die Hauptabteilung Weltkirche für die Bildung und Fortentwicklung von Direktpartnerschaften. Die sich daraus ergebende Dichte an Partnerschaften zwischen Kirchengemeinden, Verbänden und Ordensgemeinschaften ist vermutlich einzigartig in Deutschland. So unterhält mehr als jede zweite Kirchengemeinde in der Diözese eine Verbindung zu kirchlichen Partnern in Ländern des Südens.

Obgleich diejenigen, die eine solche Partnerschaft mit Leben füllen, in den Kirchengemeinden oft vor der Herausforderung stehen, jüngere Generationen einzubeziehen, ist (noch) viel Dynamik spürbar. In verschiedenen Angeboten der Fort- und Weiterbildung für Haupt- und Ehrenamtliche wird versucht, die Beziehungen lebendig zu halten und mit neuen Impulsen zu befruchten. Wichtig dabei ist es, diese nicht zu verengen, sondern weit zu halten und offen zu sein für verschiedene Dimensionen: Mit- und füreinander beten, umeinander wissen, füreinander einstehen und einander begegnen.¹⁴

Traditionell waren Missionarinnen und Missionare, Fidei-Donum-Priester und Fachkräfte aus der Diözese wichtige Kontaktpunkte, die Anlass zur Gründung einer Partnerschaft gaben. Mittlerweile hat sich auch hier die Situation ausbalanciert bzw. verkehrt: Während aus der Diözese Rottenburg-Stuttgart noch 138 Missions- und Fachkräfte in derzeit 39 Ländern „vor Ort" sind, leben und arbeiten wesentlich mehr (Ordens-)Priester und -Frauen aus der Weltkirche in der Diözese und bauen ihrerseits neue Brücken.

Ein zunehmend wichtiges Feld sind die weltkirchlichen Friedensdienste, in deren Rahmen jährlich bis zu 45 junge Erwachsene in Partnerdiözesen und -gemeinden

---

[13] Der US-amerikanische Sozialphilosoph Alan Gewirth sieht beispielsweise Solidarität im Dienste der Verwirklichung eines höheren Verwirklichungsniveaus von Menschenrechten für alle Mitglieder einer Gesellschaft. Er hofft darauf, dass sich zunehmend das Bewusstsein durchsetzt, dass die eigenen Rechte dauerhaft nur solidarisch verwirklicht werden können. *Alan Gewirth*, The Community of Rights, Chicago 1996, 75–79.

[14] Weltkirchliche Arbeit in der Diözese Rottenburg-Stuttgart (s. Anm. 7), 18.

für ein Jahr entsandt werden. Umgekehrt werden bis zu 14 Freiwillige in der Diözese aufgenommen. Nach diesem Jahr des Mitlebens, Mitbetens und Mitarbeitens bringen beide Gruppen oft tiefgreifende Lern- und Glaubenserfahrungen mit „heim", die sie je in unterschiedlicher Weise einbringen und zu mehr Verständnis füreinander und für eine solidarische Welt(-kirche) beitragen.[15] Doch sie stellen oft auch kritische Fragen, die für die Qualifizierung von Partnerschaften (überlebens-)wichtig sind. In der postkolonialen Perspektive von critical whiteness fragen sie:

– Warum wird Solidarität in der Partnerschaft oft mit Nord-Süd-Geldtransfers gleichgesetzt? Wird die „Hilfe" vielleicht nur vorgeschoben, weil man selbst nicht empfangen kann oder sich eingestehen will, dass auch der eigene Lebensstil damit auf dem Prüfstand steht?

– Weshalb gelingt es so selten, Migrantinnen und Migranten mit ihren Erfahrungen und ihrer Expertise in die Partnerschaftsarbeit einzubeziehen?

– Werden die missionarischen Kompetenzen von weltkirchlichen Priestern und Ordensfrauen wirklich ernst genommen und abgefragt?

– Kann der Generationenumbruch gelingen, wenn die Formen der Partnerschaftsarbeit oft paternalistisch und prädigital sind?

– Wo kommen junge Erwachsene mit ihren interkulturellen und kosmopolitischen Vorstellungen vor?

3.2 Zukunftsfähige Unterstützung von Partnerdiözesen

Im Verbund und in Abstimmung mit den internationalen katholischen Hilfswerken, den Weltkirche-Abteilungen anderer Diözesen und weiteren Organisationen der (kirchlichen) Entwicklungszusammenarbeit gestaltet die Hauptabteilung Weltkirche Förderbeziehungen zu Diözesen und Ordensgemeinschaften in mehr als 80 Ländern. So gehen pro Jahr unaufgefordert ca. 1000 Projektanträge ein. Leitend dabei ist die Idee, wie dem missionarischen Auftrag der Kirche in der je spezifischen Situation vor Ort entsprochen werden kann.[16] Die eingehenden Anträge werden auf Basis einer Kriteriologie bearbeitet, die sich in einem durch Erfahrung und Austausch geprägten Reflexionsprozess über viele Jahre hinweg herausgeprägt hat.

Dennoch nimmt auch die Hauptabteilung Weltkirche implizit Wertentscheidungen vor: Zum einen, insofern sie angesichts einer stetig anwachsenden Anzahl von Anträgen – ermöglicht, aber auch mitverursacht durch die elektronischen Kommunikationsmittel – gezwungen ist, bestimmte Länder oder Handlungsfelder zu priorisieren und andere zu posteriorisieren. Diese Abweichung vom Ideal des Antragsprinzips ist dahingehend rechtfertigbar, dass auch die Effizienz der Antragsbearbeitung im wohlüberlegten Eigeninteresse der Partner liegt.[17] Zum anderen aber auch durch einen Fokus auf bestimmte Themenfelder,

---

[15] *Juliane Kautzsch*, Ein Jahr lang die Perspektive wechseln, in: *Johannes Bielefeld / Thomas Broch / Heinz Detlef Stäps* (Hg.), Eine.Welt.Kirche. (s. Anm. 5), 380–384.

[16] Die Pointe dabei ist, dass Ideen und Lösungsansätze nicht von denjenigen vorgegeben werden, welche über finanzielle Mittel und damit über Macht verfügen, sondern von denjenigen, die am besten wissen, was angebracht und wirksam ist. Ihr Budget erlaubt es der Hauptabteilung Weltkirche, etwa jeden zweiten Projektantrag positiv zu bescheiden.

[17] Insofern es Zeit und Ressourcen benötigt, Expertise für Länder und Handlungsfelder aufzubauen, ist das Antragsprinzip für die großen Hilfswerke wie Misereor oder missio Aachen leichter

von denen die Mitarbeiterinnen und Mitarbeiter der Hauptabteilung Weltkirche aus guten Gründen überzeugt sind, dass sie entscheidende Zukunftsthemen für die Aufgaben der Kirche in dieser fragilen Weltgesellschaft sein werden. So werden

– Anträge bevorzugt gefördert, die sich auf die Fort- und Weiterbildung von kirchlichem Leitungspersonal konzentrieren (wobei in Rottenburger Tradition ein besonderer Akzent auf die Förderung von Laien gelegt wird);

– Vorhaben bevorzugt bewilligt, welche zur Energieautonomie von Partnern durch die Nutzung erneuerbarer Energien beitragen;[18]

– wesentlich umfangreichere Projektanträge akzeptiert, wenn sie sich auf die Hilfe für Geflüchtete und Migranten beziehen.

Dies markiert ein unvermeidliches Spannungsverhältnis, dessen Balance im Übrigen in anderen, spendenfinanzierten Organisationen wesentlich schwieriger zu finden ist. Für die Öffentlichkeitsarbeit in Deutschland mögen zum Beispiel Projekte attraktiv sein, welche sich mit der Linderung von Fluchtursachen befassen. Aber zugleich dürfen wichtige Bedarfe von Partnern, die für die Öffentlichkeitsarbeit wenig Resonanz versprechen, wie beispielsweise die Anschaffung von Fahrzeugen für kirchliches Personal, nicht vernachlässigt werden.

Orte, um unsere Vorstellungen mit den Bedarfen der Partner abzustimmen, gibt es zum Glück mehrere: So finden pro Jahr mehr als 100 Besuchstermine von weltkirchlichen Partnern in Rottenburg statt, bei denen es immer auch um die Modalitäten der Zusammenarbeit geht. Zugleich fahren Mitarbeiterinnen und Mitarbeiter der Hauptabteilung Weltkirche regelmäßig auf Projektreisen, um die Formen der Zusammenarbeit und ihre Ergebnisse zu evaluieren. Dies vertieft das Verständnis für die eigene Praxis und bewirkt an vielen Stellen eine Anpassung der Praxis oder sogar der Kriteriologie.[19] Jedoch ist dies in der Regel fern davon, dass die Praxis und die sie leitenden Kriterien systematisch und partizipativ überprüft werden.

Deshalb hat sich die Abteilung vorgenommen, Partnerkonferenzen künftig in ausgewählten Ländern durchzuführen, bei denen es genau darum gehen soll: mehr Beteiligungsgerechtigkeit mit Blick auf die Bedingungen der Zusammenarbeit zu verwirklichen.

– Welche Erwartungen haben die Partner an die gemeinsame Zusammenarbeit? Was ist aus ihrer Sicht ihre, was unsere Mission dabei?

– Was sind aus ihrer Sicht die relevanten Zukunftsfelder?

– Wie kann die – bisher stark auf Nord-Süd – ausgelegte Zusammenarbeit erweitert und die Süd-Süd-Komponente, auch mit Blick auf wechselseitiges Lernen und Vernetzung, gestärkt werden?

Besonders wird dabei darauf zu achten sein, dass nicht nur diejenigen einge-

---

durchzuhalten als für kleinere Organisationen. Denn auch sie müssen am Ende des Tages zu verantwortlichen Vergabeentscheidungen kommen.

[18] Was sich übrigens ganz praktisch auf die langfristige finanzielle Situation der Partner positiv auswirkt.

[19] Nach Giddens verstehen Akteure „routinemäßig und meisten ohne viel Aufhebens davon zu machen" ihr eigenes Handeln im Tun besser. Sie richten das Handeln reflexiv neu aus, ohne dass sie dabei zwingend in der Lage sein müssen, ihre Gründe diskursiv dazulegen. *Anthony Giddens*, Die Konstitution der Gesellschaft. Grundzüge einer Theorie der Strukturierung. Mit einer Einführung von Hans Joas (Theorie und Gesellschaft 1), Frankfurt a. Main ²1995, 55 f.

laden werden und zu Wort kommen, die ohnehin gut vernetzt und einflussreich sind, sondern auch andere, marginalisierte Gruppierungen. Damit verbunden ist jeweils neu und kulturspezifisch zu fragen, wie das Geschlechterverhältnis ausbalanciert werden kann.[20]

3.3 Anwaltschaftliche Interessenvertretung

Die konkrete Projektzusammenarbeit bewirkt an vielen Stellen tatsächlich deutliche Unterschiede und trägt viel zum gelingenden Leben der Kirche und der Menschen bei, aber sie ist weit davon entfernt, die „strukturelle Ungerechtigkeit", die mit der globalisierten Hochmoderne einhergeht, zu beseitigen. Eine solche besteht nach Iris Young, „wenn soziale Prozesse eine große Personenanzahl systematisch damit bedrohen, beherrscht oder der Mittel beraubt zu werden, ihre Fähigkeiten zu entwickeln und auszuüben"[21]. Damit ist die Frage der Verantwortung für die entwicklungspolitische Mitgestaltung internationaler Arrangements aufgeworfen. Die anwaltschaftliche Interessenvertretung von Akteuren, die in der Lage sind, Öffentlichkeit zu organisieren, ist für Young ein wichtiger Bestandteil ihres differenzierten Verantwortungsmodells. Ein solch anwaltschaftliches Handeln ist nach Maria Brinkschmidt zwar von den kirchlichen Akteuren selbst gewünscht, aber wird nur selten tatsächlich wahrgenommen.[22]

Als konkretes Beispiel nennt Young die Ausbeutungsverhältnisse in den Textilfabriken Südostasiens, die maßgeblich mit der Form des Einbezugs in die internationale Arbeitsteilung zu tun haben.[23] Genau diese strukturelle Ungerechtigkeit behandelt eines der Fallbeispiele für die derzeit laufende Kampagne zur Einführung von einklagbaren menschenrechtlichen Sorgfaltspflichten entlang der transnationalen Wertschöpfungsketten von Unternehmen.[24] Obgleich die Hauptabteilung Weltkirche und die Betriebsseelsorge der Diözese Rottenburg-Stuttgart Förderer der Initiative Lieferkettengesetz sind und sie auch Anlass für einen großen, ökumenischen Strategietag zur Entwicklungszusammenarbeit im Januar 2020 in Stuttgart war, ist es bisher weder gelungen, eine relevante Anzahl von Kirchengemeinden dafür zu sensibilisieren, noch die Diözese als solche zu einem deklarierten Unterstützungsbeschluss zu bewegen.[25] Der Prozess dauert zur Zeit der Abfassung des Artikels noch an.

Dennoch muss man Brinkschmidt zustimmen, wenn sie feststellt, dass über die

---

[20] Von einer Parität wird man in der Regel weit entfernt sein.
[21] *Iris Marion Young*, Verantwortung und globale Gerechtigkeit. Ein Modell sozialer Verbundenheit, in: *Christoph Broszies / Henning Hahn* (Hg.), Globale Gerechtigkeit. Schlüsseltexte zur Debatte zwischen Partikularismus und Kosmopolitismus (stw 1969), Berlin 2010, 329–369, hier: 346.
[22] *Maria Brinkschmidt*, Weltkirchliche Inlandsarbeit „für die Armen", in: *Markus Demele / Michael Hartlieb / Anna Noweck* (Hg.), Ethik der Entwicklung. Sozialethische Perspektiven in Theorie und Praxis (Forum Sozialethik 9), Münster 2011, 204.
[23] *Iris Marion Young*, Verantwortung und globale Gerechtigkeit (s. Anm. 21), 336.
[24] Initiative Lieferkettengesetz, Für Fashion ohne Victims braucht es endlich einen gesetzlichen Rahmen, Berlin 2019.
[25] Dies war bisher dreimal der Fall, als der Diözesanrat der Diözese Rottenburg-Stuttgart im Jahr 2000 dem Bündnis „Erlassjahr 2000", 2004 dem „Aktionsbündnis gegen Aids" und zuletzt 2012 der „Aktion Aufschrei. Stoppt den Waffenhandel" beigetreten ist.

Befassung mit entwicklungspolitischen Fragestellungen hinaus „die politische Kampagnen- und Lobbyarbeit, die mit einer starken politischen Vernetzung einhergeht, eine nachrangige Aktionsform" für kirchliche Akteure ist.[26] Ob dies der Komplexität der Materien oder einem kirchlichen Hang zur Äquidistanz in politischen Fragestellungen geschuldet ist, sei dahingestellt. Dennoch ist mit Blick auf das Modell differenzierter politischer Verantwortung die Diözese Rottenburg-Stuttgart als Teil der Weltkirche anzufragen:

– Ist die Nicht-Wahrnehmung politischer Verantwortung in einer globalisierten Hochmoderne mit ihren strukturellen Ungerechtigkeiten angesichts des Zeugnisses märtyrerhafter Risikobereitschaft von Partnern weltweit überhaupt eine Option?

– Wäre es mit Blick auf die eigenen spirituellen Ressourcen nicht fahrlässig, es zu versäumen, sich von den Kräften des Widerstands inspirieren zu lassen, von welchen das missionarische Engagement vieler Partner zeugt?[27]

4 Ausblick

Im Sommer 2018 gab es im Diözesanmuseum Rottenburg die Ausstellung „Dialog der Welten. Christliche Begegnungen mit den Religionen Indiens". Eindrucksvoll wurde dort anhand von Miniaturen dargestellt, wie fruchtbar und von der Suche nach Verbindendem die christlich-hinduistischen Dialoganstrengungen schon seit dem 16. Jahrhundert waren.[28]

In diesem Sinne ist auch das Bild des Dschagannath-Wagens zu hinterfragen, das im englischen Sprachraum sehr negativ konnotiert ist und daher Anlass für Giddens war, die fragile Weltgesellschaft so zu kennzeichnen. Welche Sinnressourcen können im Dschagnanath vielleicht auch entdeckt werden? Die Legende besagt, dass sich in Krishna der hinduistische Gott Vishnu inkarniert hat, um die Kräfte des Guten in einem dunklen Zeitalter zu stärken. In diesem Sinne kann die unaufhaltsame Fahrt des Dschagannath-Wagens als Bild dafür verstanden werden, dass das Gute letztendlich obsiegt. Ähnlich wie der österliche Auferstehungsglaube kann also auch der Dschagannath Hoffnung geben in einer Situation der Machtlosigkeit. In Hinsicht auf die globalisierte Hochmoderne und ihre Menschheitsprobleme kann dies den Blick für das Verbindende der Kulturen und Religionen weiten, und vielleicht sogar ein weltweites Gemeinschaftsgefühl hervorrufen.[29] – Damit würde die Mission der Hauptabteilung Weltkirche nicht nur nicht an den Grenzen ihres Netzwerks Halt machen, sondern sie auch über die Grenzen ihrer Religionsgemeinschaft hinaus-

---

[26] *Maria Brinkschmidt*, Weltkirchliche Inlandsarbeit „für die Armen" (s. Anm. 22), 203.

[27] Ein besonders beeindruckendes Zeugnis für eine riskante Veränderungsbereitschaft hat das Abschlussdokument der Amazonassynode gegeben. Denn wenn die Bischöfe des Amazonasbecken nach dem Hören auf indigene „Wächter des Waldes" bereit sind, den vermeintlich identitätskonstitutiven Zölibat zu relativieren, um eine Kirche als Wächterin des Waldes möglich zu machen, wissen sie, dass sie sich damit schärfste Kritik einhandeln werden.

[28] *Milan Wehnert*, Begegnung der Religionen im Indien des 16. und 17. Jahrhunderts, in: *Diözesanmuseum Rottenburg* (Hg.), Dialog der Welten. Christliche Begegnungen mit den Religionen Indiens, Ostfildern 2018, 18–50.

[29] *Francis D'Sa* SJ, Ist eine Begegnung der Religionen zwischen der Scylla des Relativismus und der Charybdis des Fundamentalismus möglich?, in: *Johannes Bielefeld / Thomas Broch / Heinz Detlef Stäps* (Hg.), Eine.Welt.Kirche. (s. Anm. 5), 137–143.

führen. Ihre Aufgabe ließe sie darauf abzielen, aktiv die Bereitschaft zur Solidarität über die Grenzen der Religionsgemeinschaften hinweg zu globalisieren.

Der Autor: *Geboren 1981 in Schwäbisch Gmünd, Studium der katholischen Theologie, Volkswirtschaftslehre und Philosophie in Tübingen, Promotion an der PTH Sankt Georgen/Frankfurt am Main (Dr. theol.); 2008–2013: Wissenschaftlicher Mitarbeiter am Oswald von Nell-Breuning-Institut der PTH Sankt Georgen/Frankfurt am Main; 2012–2013: Studienleiter für Wirtschaft und Finanzen an der katholischen Akademie Rhabanus Maurus/Haus am Dom, Frankfurt am Main; 2013–2017: missio-Diözesanreferent in der Diözese Rottenburg-Stuttgart; seit 2017 Geschäftsführer der Hauptabteilung Weltkirche der Diözese Rottenburg-Stuttgart; Publikationen: Finanzregulierung zwischen Politik und Markt. Perspektiven einer politischen Wirtschaftsethik. Frankfurt am Main–New York 2013; Armgemacht – ausgebeutet – ausgegrenzt? Die »Option für die Armen« und ihre Bedeutung für die Christliche Sozialethik. Forum Sozialethik, Band 14. Gemeinsam herausgegeben mit Julia Blanc, Maria Brinckschmidt und Christoph Krauß, Münster 2014; zus. mit Marlis Wahl-Reichert, Bitte weiter flüchten?! Christinnen und Christen antworten mit Gastfreundschaft, in: Anzeiger für die Seelsorge 5/2015, 27–30; Klimawandel und Finanzstabilität. Ökonomische und sozialethische Reflexionen zu einem wenig beachteten Wechselwirkungsverhältnis, in: Michael Reder u. a. (Hg.), Jahrbuch für praktische Philosophie in globaler Perspektive 1. Pragmatistische Impulse, Freiburg i. Br.–München 2017, 313–335.*

Markus Weißer

Eine Frage der Prioritäten

Zur Ausrichtung der Dogmatik in Zeiten digitaler Kommunikation

In Zeiten der Digitalisierung verändert sich die Art und Weise unserer Kommunikation und Informationsverarbeitung grundlegend. Das stellt auch die katholische Dogmatik aktuell vor erhebliche Herausforderungen, die sie nur bewältigen kann, wenn sie ihre eigene Grundstruktur und Gesamtausrichtung kritisch hinterfragt. Eine theologisch begründete Konzentration auf das wesentliche Ziel aller Theologie schärft dabei den Blick für die Zeichen der Zeit.

1 Kommunikation im digitalen Zeitalter

In einer globalisierten Welt der digitalen Vernetzung trennt uns ein Fingerwisch vom anderen Ende der Erde. Immer schneller verläuft die Kommunikation und es bleibt kaum Zeit für die Überprüfung von Informationen auf ihren Wahrheitsgehalt. In einem beinahe postfaktischen Zeitalter konkurriert die Realität mit der virtuellen Streuung „alternativer Fakten". Dies geht einher mit der Reduktion von Komplexität, bis hin zur Trivialität. Von Facebook über knappe Tweets hin zu einfachen Bildern auf Instagram. Die Wirklichkeit scheint oft nur noch schwarz oder weiß („gefällt" oder nicht); es bleibt wenig bis gar kein Raum mehr für Differenzierungen. Längere Texte werden nicht mehr gelesen. So lautet das Motto der *re:publi-ca19*, einer etablierten Berliner Konferenz für Web, soziale Medien und digitale Gesellschaft: „tl;dr" – Internet-Slang für: „too long; didn't read"[1].

Kommunikation reduziert sich von komplexen Zeichensystemen auf binäre Codes und Emojis. In der kaum noch zu bewältigenden Informationsflut haben die meisten Nachrichten in unserer Wahrnehmung eine immer kürzere Halbwertzeit. Es werden sogenannte „Stories" gepostet, die das Bild von unserem Frühstück bis zum Abendessen schon wieder vergessen sein lassen. Die digitale Welt vergesse zwar nichts, so sagt man, aber sie ist im permanenten Fluss. Damit ist sie längst nicht mehr nur eine virtuelle Scheinwelt, sondern das Spiegelbild unserer täglichen Realität.

Unter solchen Bedingungen ist es schwierig, eine bleibende Botschaft dauerhafter Bedeutung zu transportieren, die nicht im digitalen Datenstrom des medialen Mainstreams untergeht. Doch auch die Kirche bedient sich als Global Player auf vielfältige Weise der neuen Medien, um ihre Botschaft zu verbreiten. In den Worten des Literaturnobelpreisträgers Bob Dylan: „You better start swimming, or you'll sink like a stone, cause the times, they are a changin'." Verstand man sich lange Zeit als unbeirrbarer Fels in der Brandung der Moderne, so realisiert man seit dem II. Vatikanischen Konzil die Notwendigkeit, sich auf die Dynamik der Welt

---

[1] https://19.re-publica.com/de/page/tldr [Abruf: 25.03.2020].

neu einlassen zu müssen. Es gilt, die Zeichen der Zeit anzunehmen und um der eigenen Sendung willen in Bewegung zu kommen – und sei es manchmal auch gegen den Datenstrom. Nur in einer dynamischen und lernfähigen Kirche ist es möglich, das Evangelium in allen Sprachen und Kulturen authentisch und verständlich zu vermitteln.[2] Die Botschaft der Kirche gehört vermeintlich nicht mehr unter die Rubrik „News". Sie hat aber das Potenzial, ihrem lebendigen Geist entsprechend je neu zu zünden und Menschen anzusprechen – weil sie nicht nur informativ, sondern auch performativ zu verstehen ist[3] und in verschiedenen Kontexten schnell aktuell werden kann. Wirft man dagegen einen Blick auf die katholische Dogmatik, die ja die inhaltliche Grundlage der kirchlichen Verkündigung bildet, so zeigt sich eine geradezu gegenläufige Entwicklung.

2 Herausforderungen für die Dogmatik

Die Glaubensbekenntnisse als klare Erkennungszeichen und Identitätsmarker des Christentums werden im Laufe der Zeit immer umfangreicher und diffiziler. Zunächst genügt das einfache Bekenntnis zu Jesus als dem Messias: „Jesus Christus [est]". Früheste Bekenntnisformeln umfassen den Grund dieser Überzeugung: das Leben und Sterben Jesu und seine Auferweckung als heilsbedeutsame Selbstzusage Gottes an alle Menschen. Daraus ergibt sich das trinitarische Bekenntnis zu Vater, Sohn und Hl. Geist in ihrer soteriologischen Bedeutung. Aus den frühen Erkennungsmarken, den „Symbola", werden mehrgliedrige Bekenntnisse, um im Traditionsprozess die essenziellen Basics kurz und knapp im *Credo* zusammenzufassen. Das „credere in" impliziert grammatikalisch die *Dynamik* einer existenziellen Bewegung in der Nachfolge Jesu: Es ist ein vertrauender Selbstvollzug. Das Credo enthält, trotz zunehmender Differenzierung durch die Klärung strittiger Fragen, einen knappen Aufriss der immer komplexer dargestellten Glaubensinhalte, die aber noch im Bezug zum Glaubensvollzug stehen.

Doch aus Symbola und Bekenntnissen wird sukzessiv ein *depositum fidei*, ein Glaubensgut als „Ablage" des Glaubens, dessen Umfang man weder existenziell ratifizieren noch intellektuell durchdringen kann. Dies scheint auch gar nicht mehr erforderlich, solange es formaliter bejaht, anerkannt oder zumindest nicht geleugnet wird – als *fides implicita*. Über den Sinn entscheidet seit dem 19. Jahrhundert kaum mehr das glaubende Subjekt, sondern zunehmend das kirchliche Lehramt, das die Deutungshoheit für sich beansprucht und den passiven Empfängern zu glauben vorlegt. Der Inhalt des Glaubens steht und fällt dann mit der Autorität des Lehramtes, das nicht mehr nur über den Glauben wacht, sondern ihn selbst bestimmt.[4] So wird das

---

[2] Vgl. GS 44; AG 22.
[3] Vgl. *Sekretariat der Deutschen Bischofskonferenz* (Hg.), Enzyklika *Spe Salvi* von Papst Benedikt XVI. an die Bischöfe, an die Priester und Diakone, an die gottgeweihten Personen und an alle Christgläubigen über die christliche Hoffnung (Verlautbarungen des Apostolischen Stuhls 179), Bonn ³2008, Nr. 2; Download unter: https://www.dbk-shop.de/media/files_public/tyqytrvdq/DBK_2179.pdf [Abruf: 14.04.2020].
[4] Vgl. *Michael Seewald*, Reform. Dieselbe Kirche anders denken, Freiburg i. Br.–Basel–Wien 2019, 49–64.

Depositum schließlich zum Katechismus, der ins Bücherregal gestellt werden kann. Der *identitätsstiftende Inhalt* wird entkoppelt vom *gelebten Glaubensvollzug* und in seiner formalen Fixierung entbehrlich. Zumal wenn er undifferenziert wahrgenommen und lediglich autoritativ begründet wird. Er stirbt einen schleichenden Tod, mitten im Leben der Menschen, sobald die kirchliche Autorität nicht mehr um ihrer Autorität willen anerkannt wird. Dies aber wird in der Neuzeit zunehmend problematisch, da die Anerkennung des kirchlichen Lehramtes selbst an den vorgelegten Inhalt des Glaubens in seiner *Glaubwürdigkeit* gebunden ist.

Doch was vermögen einzelne Gläubige von dem Gehalt des Glaubens, seiner Differenzierung und notwendigen Rechtfertigung vor der Vernunft reflektiert (aktiv und bewusst) zu glauben? Worin müssten sie auf jeden Fall eine existenzielle Bedeutung für sich erkennen, aus der heraus sie ihr Leben gestalten? Blickt man auf die Diskrepanz[5] zwischen Kerninhalten der Dogmatik und der Überzeugung zahlreicher Jugendlicher, die zumindest nominell als Christen gelten, so könnte man von einer handfesten Glaubenskrise der Kirche sprechen. Nicht, weil Jugendliche nichts glauben würden, sondern weil es der Glaubenslehre und ihrer dogmatischen Darstellung vielfach nicht mehr gelingt, den vorhandenen Suchbewegungen und Glaubensregeln eine tragfähige Sinnoption und Ausdrucksgestalt anzubieten, mit der sich die Suchenden existenziell identifizieren könnten. Ohne eine solche Identifikation scheint aber auch der Glaube selbst in seiner Rezeption und Tradition unterlaufen. Der Prozess dieser identitätsbildenden Identifikation mit den christlichen Grundüberzeugungen scheitert oft daran, dass deren Kern hinter einer breiten Diskussion sekundärer Ausgestaltungen, Vorschriften und vermeintlich unveränderlicher Implikationen verschwindet. Dieses Phänomen wird durch die Verwendung überkommener Begriffe, Denkmuster und Ausdrucksgestalten verstärkt. Die selektive Wahrnehmung der neuen Medien tut ihr Übriges, wie Papst Franziskus richtig erkannt hat.[6]

Ziel einer katholischen – universal offenen – Dogmatik muss es aber sein, die Gläubigen selber (wieder) zum Subjekt ihres für sie selbst heilsrelevanten Glaubens zu machen und nicht länger als passive Objekte einer einbahnigen Lehrverkündigung zu betrachten, die ohne Erfahrungsbezug ins Leere läuft. Die Dogmatik entsteht aus dem Glaubensdialog der kirchlichen Taufpraxis und bleibt (auch *in* ihrer Wissenschaftlichkeit) korrelativ an ihre kollektive *Rezeption* durch die glaubende Gesamtkirche gebunden, die sich in einem synchronen wie diachronen Dialog ihrer eigenen Identität vergewissert.[7]

---

[5] Vgl. 18. Shell Jugendstudie, Jugend 2019. Eine Generation meldet sich zu Wort, Weinheim 2019, 152–157.

[6] Vgl. *Sekretariat der Deutschen Bischofskonferenz* (Hg.), Apostolisches Schreiben *Evangelii gaudium* des Heiligen Vaters Papst Franziskus an die Bischöfe, an die Priester und Diakone, an die Personen geweihten Lebens und an die christgläubigen Laien. Über die Verkündigung des Evangeliums in der Welt von heute (Verlautbarungen des Apostolischen Stuhls 194), Bonn 2013, Nr. 34 f.; Download unter: https://www.dbk-shop.de/media/files_public/kggncrjjx/DBK_2194.pdf [Abruf: 14.04.2020].

[7] Vgl. *Wolfgang Beinert*, Glaube – Einführung in die Dogmatik, in: *Wolfgang Beinert / Ulrich Kühn* (Hg.), Ökumenische Dogmatik, Leipzig 2013, 1–30, 24. Das kirchliche Dogma habe von Grund auf einen „dialogischen Charakter. Es ist Teil eines Kommunikationsprozesses".

Wenn Glaube niemals nur eine kognitiv verengte Anerkennung fixierbarer Wahrheit, sondern dynamischer Selbstvollzug der eigenen Existenz vor Gott, auf ihn hin und für die Mitmenschen ist, der durch das menschliche Wort Gottes in dessen Geist getragen wird und auf Gemeinschaft zielt, so stellt sich die Frage: Wie kann die Kirche im Kontext ihrer zeitlichen, regionalen und kulturellen Bedingungen Glauben als *Antwort* auf das begegnende Wort Gottes ermöglichen? Dem Taufdialog (Glaubst Du …? – Ich glaube …!) muss eine *glaubwürdige und verständliche Vermittlung* der in Jesus Christus *je persönlich* begegnenden Selbstzusage Gottes vorausgehen. Mit Vehemenz betonte J. Ratzinger einst mit Verweis auf Tertullian, Christus habe sich die Wahrheit genannt, nicht die Gewohnheit.[8] Diese Wahrheit ist eine konkrete Person, die uns begegnet und eine neue Beziehung zu Gott und unseren Mitmenschen ermöglicht.[9] Eine Beziehung, die individuell verschieden ist. Daher gebe es so viele Wege zu Gott, wie es Menschen gibt.[10] Alle diese Wege konvergieren auf den einen Weg der Liebe hin, der sich nach christlicher Überzeugung in Jesus Christus irreversibel als der Weg des Lebens erwiesen hat. Diese Explikation liegt auf der Linie des II. Vatikanischen Konzils und seines kommunikationstheoretischen Offenbarungsverständnisses: Gott offenbart *sich* selbst *durch* Jesus Christus *im* Heiligen Geist.[11] Was bedeutet diese *personale* Orientierung für die Arbeitsweise und Kommunikation der Dogmatik heute?

Man kann sagen: Ihre primäre Aufgabe ist nicht das Wachen über die Vollständigkeit und summarische Darstellung eines „Glaubensgutes", das in der Rezeption durch den Einzelnen in allen Differenzierungen anzueignen und kognitiv zu forcieren wäre.[12] Die dringlichste Anforderung an die Dogmatik ist heute weniger, eine ideale „Summa Theologiae" zu bieten, sondern theologisch verantwortet und vernünftig begründet Wege zu sichern, um gemeinsam ein Leben im Glauben entsprechend dem zu führen, was man in der frühen Kirche die *regula fidei* nannte: eine *Richtschnur* und Ausrichtung am Glauben, der zu Gott führt. Damit verbunden ist eine Systematik, welche die Arbeitsweise der Dogmatik prinzipiell immer schon geprägt hat, insofern sie *Prioritäten* setzen und sich auf ihr eigentliches *Ziel* konzentrieren musste: Das Heil (*soteria*) der Menschen.

---

[8] Vgl. *Joseph Ratzinger*, Einführung in das Christentum. Vorlesungen über das Apostolische Glaubensbekenntnis, München ⁸2006, 130.
[9] Vgl. *Sekretariat der Deutschen Bischofskonferenz* (Hg.), Enzyklika *Deus Caritas est* von Papst Benedikt XVI. an die Bischöfe, an die Priester und Diakone, an die gottgeweihten Personen und an alle Christgläubigen über die christliche Liebe (Verlautbarungen des Apostolischen Stuhls 171), Bonn ⁷2014, Nr. 1; Download unter: https://www.dbk-shop.de/media/files_public/ifhckebkqo/DBK_2171.pdf [Abruf: 14.04.2020]; vgl. Papst *Franziskus*, Evangelii gaudium (s. Anm. 6), Nr. 7.
[10] Vgl. *Joseph Ratzinger*, Salz der Erde. Christentum und katholische Kirche im neuen Jahrtausend. Ein Gespräch mit P. Seewald, München ⁵2004, 35.
[11] Vgl. DV 1–6.
[12] Vgl. *Gerhard L. Müller*, Katholische Dogmatik. Für Studium und Praxis der Theologie, Freiburg i. Br.–Basel–Wien ⁶2005, 82. „Gegenüber einer unterschiedslosen Gleichstellung aller einzelnen Dogmen […] ergibt sich […] eine inhaltliche Gewichtung und organische Zuordnung zum Zentrum der Offenbarung: der Selbsterschließung des dreieinen Gottes. Darum muss vom einzelnen Gläubigen nicht für jedes Dogma eine ausdrückliche und vollreflexe Aneignung gefordert werden."

3 Soteriologische Priorisierung und Konzentrierung

Die notwendige *Differenzierung* – Unterscheidung[13] – bildet die Grundlage für eine adäquate *Wahrnehmung* und *Rezeption* der Glaubensinhalte. Die Gläubigen erhalten durch diese Differenzierung (um die auch die Neuscholastik auf ihre Weise bemüht war[14]) eine Wegweisung und Orientierung. Die Ausrichtung am Glaubenszentrum – dem dreifaltigen Gott selbst – bietet eine *regula fidei*, einen Maßstab für die Lebensgestaltung im Glauben und dessen weitere Entfaltung. Dass die Lehre des II. Vaticanums von der „Hierarchie der Wahrheiten" (UR 11) im Paradigmenwechsel hin zur personal-dialogischen Selbstmitteilung Gottes noch der Umsetzung bedarf, liegt auf der Hand: Man kann nicht mehr feststehende Sätze und eine vermeintlich überzeitliche Lehre instruktionstheoretisch ableiten, sondern nimmt das Mysterium (*sacramentum*) Gottes selbst in den Blick (DV 2), das in Christus inkarniert begegnet und in seinem Geist spürbar erfahren wird. Diese göttliche Selbstoffenbarung wird durch die Kirche bezeugt und weiter vermittelt (LG 1), in ihren Selbstvollzügen gefeiert und vergegenwärtigt. Damit ergibt sich eine *sakramentale Grundstruktur* des christlichen Glaubens, auf die hin alle Glaubensinhalte konzentriert werden müssen und die höchste Priorität besitzt: Der Glaube an die Liebe des dreifaltigen Gottes, die Inkarnation seiner erlösenden Selbstzusage und die Gnade seines befreienden Geistes, der uns hoffen lässt. Diese Priorisierung und Konzentrierung lässt sich am Glaubensbekenntnis leicht verifizieren.

Wird diese sakramentale Selbstoffenbarung in ihrer kommunikationstheoretischen Tragweite heute *medial* angemessen dargestellt und als *persönlicher Zuspruch* produktiv kommuniziert? Wenn in kirchenpolitischen Debatten oft pauschal „die" Lehre der Kirche beschworen wird, die entgegen ihrer faktisch belegbaren dogmengeschichtlichen Entwicklung[15] als überzeitlich und unantastbar dargestellt wird, so fällt man de facto hinter das heilsgeschichtlich-personal orientierte Offenbarungsverständnis und die sich daraus ergebende Antwortworthaltung von Glaube, Hoffnung und Liebe zurück. Wo „die" Lehre auf fragwürdige Weise verabsolutiert wird und gerade so den Zugang zum lebendigen Zentrum des christlichen Glaubens verstellt, bedarf es einer kritischen Aufarbeitung und Revision dogmatischer Sprache und Denkmuster, die stets in der Brechung menschlicher Möglichkeiten und ihrer situativen Rahmenbedingungen auf *die* Wahrheit des christlichen Glaubens verweisen, die sich in ihren Details je neu entfalten muss und die daran geknüpften Konsequenzen *neu* bedenken kann. Der permanente Deutungs- und Fortschreibungsprozess der Dogmen mündet in ih-

---

[13] Vgl. *Sekretariat der Deutschen Bischofskonferenz* (Hg.), Apostolisches Schreiben *Gaudete et exsultate* des Heiligen Vaters Papst Franziskus über den Ruf zur Heiligkeit in der Welt von heute (Verlautbarungen des Apostolischen Stuhls 213), Bonn 2018, Nr. 166 ff.; Download unter: https://www.dbk-shop.de/media/files_public/lshqkuqtb/DBK_2213.pdf [Abruf: 14.04.2020].

[14] Man versucht, theologische Qualifikationen und Verbindlichkeitsgrade der Glaubenswahrheiten von ihrem Bezug zur göttlichen Offenbarung her anzuführen. Vgl. *Matthias J. Scheeben*, Handbuch der katholischen Dogmatik. Bd. 1, Freiburg 1873, 186–195; *Ludwig Ott*, Grundriss der katholischen Dogmatik, Bonn ¹¹2005, 35 f.

[15] Vgl. *Michael Seewald*, Dogma im Wandel. Wie Glaubenslehren sich entwickeln, Freiburg i. Br.– Basel–Wien 2018.

rer Ausrichtung auf den dreifaltigen Gott, wie auch G. L. Müller einmal betont hatte, in eine *offene* Zukunft.[16]

Die Dogmengeschichte ist keineswegs abgeschlossen – sie läuft weiter. Woran soll sie sich aber in ihrer permanenten Selbstvergewisserung orientieren, wenn nicht am apostolischen Kern ihres Glaubens? Dass diese Priorisierung nicht neu ist, ließe sich wohl durch einen Blick auf Thomas von Aquin belegen, der die Glaubensartikel nach soteriologischen Kriterien systematisierte.[17] Der erlösende Akt des Glaubens bezieht sich auf den dreifaltigen Gott, der selbst das Heil des Menschen *ist*.

Eine *soteriologische Konzentrierung der Dogmatik*, für die hier mit Nachdruck plädiert wird[18], bedeutet eine konsequente Ausrichtung an der Frage, was für die *Vermittlung des Heils* – einer personalen Beziehung zu Gott durch Christus im Heiligen Geist – dienlich oder hinderlich ist. Man wird nicht behaupten können, dass dieses *dogmatische Kriterium* in den teils ideologisch vorbelasteten Debatten genügend Beachtung findet, in denen die Kirche mehr um sich selbst kreist, statt ihre mediale – vermittelnde – Funktion als Zeichen und Werkzeug wahrzunehmen. Die Dogmatik kann und muss insofern ihren Beitrag dazu leisten, als sie die heute so notwendige *Differenzierung* von primärem Kern und sekundären Implikationen oder Interpretationen immer wieder vornimmt. Diese Systematik ist nicht neu (vgl. Apg 15,6–29). Vermeintlich logische Deduktionen und unhinterfragte Gebräuche sind nicht schon identisch mit der göttlichen Offenbarung selbst. Prioritäten zu setzen, wurde von Papst Franziskus ebenso wie von Benedikt XVI. eingefordert.[19] Zurecht, wenn man in Kommentaren auf angeblich „kath." Internetseiten beobachten muss, dass „die" Lehre undifferenziert als katalogartige, im Katechismus verbalinspiriert anmutende Sammlung verabsolutierter Wahrhei*ten* verstanden wird.

Zu oft wird der dogmatisch falsche Eindruck erweckt, es gäbe im Gesamtzusammenhang der Glaubensinhalte (*nexus mysteriorum*) keine Differenzierung oder Gewichtung. Wenn aber Gott selbst als *Mysterium fidei* den Maßstab des Glaubens markiert, dann ist eine solche Verzerrung inakzeptabel. Sie blockiert ergebnisoffene Dialogprozesse (vgl. 1 Thess 5,19–21) und behindert eine lebendige Tradition, die sich für ihre stets notwendige Selbstvergewisserung und Übersetzung in neue Kontexte und Kulturen am Ursprung, Zentrum und Ziel des Glaubensaktes kritisch und konstruktiv orientiert: Gottes personale Selbstoffenbarung und das bedingungslose Angenommensein aus reiner Gnade, die unsere Freiheit fördert und fordert. Das *Mysterium* bleibt, so Viera Pirker, heute zentral: „Die Annahme der eigenen Vulnerabilität und Sterblichkeit, eine Gelassenheit, die technische Verhältnisse nicht verabsolutiert, auch wenn diese das Leben heute maßgeblich strukturieren, so-

---

[16] Vgl. *Gerhard L. Müller*, Katholische Dogmatik (s. Anm. 12), 81; 87 ff.

[17] Vgl. *Christoph Böttigheimer*, Hierarchie der Wahrheiten, in: *Wolfang Beinert / Betram Stubenrauch* (Hg.), Neues Lexikon der katholischen Dogmatik, Freiburg i. Br.–Basel–Wien 2012, 336–340, hier: 337.

[18] Vgl. *Markus Weißer*, Der Heilige Horizont des Herzens. Perspektiven einer trinitarischen Soteriologie im Anschluss an Karl Rahner (Freiburger theologische Studien 186), Freiburg i. Br.–Basel–Wien 2018.

[19] Vgl. Papst *Franziskus*, Evangelii gaudium (s. Anm. 6), Nr. 11; 34 f.; 43; 7, mit Bezug auf Benedikt XVI.

wie Offenheit für das sich ereignende Geheimnis heißen die wesentlichen theologischen Grundhaltungen nach der *Digitalen Revolution*."[20]

Die Konzentrierung der Dogmatik deckt sich mit der prophetischen Prognose Karl Rahners, die Theologie der Zukunft werde „sich sehr entschlossen auf den Kern und die letzten Grundfragen der christlichen Botschaft konzentrieren". Gemeint ist eine Konzentration auf das „Verständnis der ursprünglichsten und fundamentalsten Offenbarung Gottes, seiner Gnade, des einen Mittlers, der Verantwortung für die Welt und der eschatologischen Hoffnung"[21]. Diese Aufgabenbeschreibung sollte man im digitalen Zeitalter nicht unterschätzen. Rahner hatte Recht:

„In dem dauernden Kampf auf Leben und Tod innerhalb einer säkularisierten Gesellschaft wird die Theologie unvermeidlich immer aufs neue in einer sie absorbierenden Weise die letzten Fragen einer personalen Entscheidung für Gott, für Jesus Christus und (natürlich in sehr abgeleiteter Weise) für die Kirche stellen und beantworten müssen. Das bedeutet natürlich nicht, daß nicht auch sehr intensiv ‚spezielle' Dogmatik betrieben werden müsse […]."[22]

Die derzeitigen Diskussionsschwerpunkte in Theologie und Kirche (Amtstheologie, Zölibat, Empfängnisverhütung, Umgang mit wiederverheiratet Geschiedenen etc.) und ihre Abbildung in der öffentlichen Wahrnehmung behandeln primär Fragen, die – so einst J. Ratzinger[23] – nicht die „Essentials" des Christentums seien. Aber warum beharrt man dann ausgerechnet in *diesen* Fragen auf der Verteidigung des Status quo? Bei all diesen Debatten stellt sich doch die nüchterne – dogmatische! – Frage, ob die *Selbst*offenbarung Gottes im Vordergrund steht, oder doch die „Verästelungen, die damit zusammenhängen und die sicher zum ganzen Baum gehören, aber nicht alle von der gleichen Wichtigkeit sind. Die Identität der Kirche hat klare Erkennungsmarken, also sie ist nicht starr, sondern Identität des Lebendigen, das in der Entwicklung sich selber treu bleibt"[24].

Wer heute im Bestreben um die Vereinfachung einer komplexen Wirklichkeit klare Richtlinien im Sinne der kirchlichen Tradition fordert, müsste seine *Prioritäten* klären und kritisch hinterfragen, wem sie dienen: Gott selbst und der Vermittlung seiner dynamischen Herrschaft der Liebe – oder den Götzen geronnener Gewohnheiten? Denn das Abstraktum „der" kirchlichen Lehre droht, wo es verabsolutiert wird, das Evangelium Christi zu verstellen. Wenn man nicht mehr in der Lage ist, in der Praxis durch eine *reductio in Mysterium* zuerst und zuletzt das *Wesentliche* des christlichen Glaubens zu erfahren – wie soll dieser dann unter heutigen Bedingungen überhaupt noch kommuniziert und tradiert werden?

---

[20] *Viera Pirker*, Das Geheimnis im Digitalen. Anthropologie und Ekklesiologie im Zeitalter von Big Data und Künstlicher Intelligenz, in: Stimmen der Zeit 144 (2019), Heft 2, 133–141, hier: 140.

[21] *Karl Rahner*, Die Zukunft der Theologie, in: *ders.*, Schriften zur Theologie IX, Einsiedeln ²1972, 148–157, hier: 151.

[22] *Karl Rahner*, Über künftige Wege der Theologie, in: *ders.*, Schriften zur Theologie X, Einsiedeln 1972, 41–69, hier: 49.

[23] *Joseph Ratzinger*, Salz der Erde (s. Anm. 10), 222.

[24] Ebd.

4 Im Dialog bleiben … neue Chancen

Ubi caritas et amor, Deus ibi est. Diese zentrale Maxime des Christentums ist so schlicht, dass einfache Fischer sie verstehen und weltweit „teilen" konnten. Und das noch ohne digitale Medien. Es ist die Aufgabe der Dogmatik, dass trotz aller Wissenschaftlichkeit und detaillierter Vertiefung das „pulsierende Herz"[25] dieses Glaubens nicht nur den Ausgangs-, sondern auch wieder den Zielpunkt aller Theologie markiert. Wo dies der Fall ist, ist sie gut gerüstet für das digitale Zeitalter, das in ständiger Bewegung vom Wesentlichen zu den Details gelangt und eben nicht umgekehrt. Eine *soteriologische* und damit theozentrische, trinitarisch-sakramentale Ausrichtung der Dogmatik eröffnet Spielräume kirchlichen Handelns und neue Interaktionen, die noch gar nicht absehbar sind. Denn sie steht für die universale Offenheit der Liebe Christi, die zur Nachfrage provoziert und sich selbst immer wieder neu befragen lässt. Wo Missstände oder Missverständnisse in der pastoralen Praxis oder im kirchlichen Recht dazu führen, dass einzelne Teilelemente (*articuli*) des Glaubens in uneindeutigen oder aporetischen Situationen den Weg zum *Corpus Christi* verstellen, dort ist ein Indikator für die neu zu justierende Gewichtung dogmatischer Prioritäten gegeben.

Ähnlich wie die Missionen auf neuen Kontinenten ein Katalysator für die Ökumene waren, so könnte auch das digitale Neuland heute ganz frischen Wind in die Dogmatik bringen. Doch die permanente Selbstvergewisserung und Aktualisierung in Sprache, Denkmustern und Prämissen ist nur möglich im *Dialog*. Denn ohne einen ehrlichen und offenen Dialog, der um gegenseitiges Verständnis bemüht ist, ist eine *Wahrnehmung* der zahlreichen Verständnis- und Vermittlungsprobleme des christlichen Glaubens nicht möglich. Dass Papst Franziskus in der Vorbereitung der Jugendsynode 2018 auf Umfragen durch Online-Fragebögen setzte, ist ein Indiz dafür, dass Fragen nach den Rezeptionsschwierigkeiten und -hindernissen, nach den Gewissensfragen und -nöten der alltäglichen Glaubenspraxis als *sensus fidelium* endlich Eingang in die systematische Theologie finden. Hierin liegen völlig neue Chancen kirchlicher Partizipation, für „theologisches und ekklesiales Lernen"[26] und dogmatische Reflexion!

Wenn es um die Ausgestaltung synodaler Strukturen geht, heißt es aber leider immer noch allzu häufig: „Error: Path not found." Die zarten Anfänge der (wiederentdeckten) synodalen Prozesse sind ausbaufähig. Denn die zentralen Kernelemente des Glaubens sind durch die apostolische Überlieferung vorgegeben, sie bedürfen aber immer wieder der gemeinsamen Deutung und Aktualisierung. So können auf der Basis des soteriologischen Zentrums *neue Differenzierungen*, Akzentuierungen oder auch Korrekturen vorgenommen werden, die den Glauben davor bewahren, im populistischen Schwarz oder Weiß zwischen „Placet" und „Anathema" zu versanden. Das menschliche Leben, das

---

[25] *Sekretariat der Deutschen Bischofskonferenz* (Hg.), *Misericordiae vultus*. Verkündigungsbulle von Papst Franziskus zum außerordentlichen Jubiläum der Barmherzigkeit (Verlautbarungen des Apostolischen Stuhls 200), Bonn 2015, Nr. 12, mit Bezug auf Johannes Paul II.; Download unter: https://www.dbk-shop.de/media/files_public/hvvdmwwmp/DBK_2200.pdf [Abruf: 14.04.2020].

[26] *Viera Pirker*, Das Geheimnis im Digitalen (s. Anm. 20), 137.

Gott selbst sich angeeignet hat, ist komplexer. Hier müssen entsprechende Konsequenzen gezogen werden, um künftig die Zeichen der Zeit wirklich zum Ausgangspunkt für eine Neuorientierung am *Ziel* des Glaubens zu nehmen (GS 44) und *gemeinsam* einen *Weg* (syn-hodós) dorthin zu bahnen. Die Weggemeinschaft der Weltkirche hätte dann zwar noch keine fertigen Lösungen für all die anstehenden Fragen. Aber sie könnte diese im Austausch besser wahrnehmen und ihre Identität als Zeichen und Werkzeug – Medium – der Liebe Gottes zurückgewinnen, indem sie der existenziellen und gesellschaftlichen Bedeutung seiner barmherzigen Zuwendung höchste Priorität einräumt und sie teilt.

Der Autor: *Dr. Markus Weißer, geb. 1986, studierte Katholische Theologie, Lateinische Philologie und Erziehungswissenschaften für das Lehramt Gymnasium an der Universität Regensburg; 2012 Staatsexamen; 2017 Promotion zum Dr. theol. Er ist Akademischer Rat a. Z. am Lehrstuhl für Dogmatik und Dogmengeschichte an der Fakultät für Katholische Theologie der Universität Regensburg; 2019 Auszeichnung mit dem Kardinal-Wetter-Peis; Publikationen (Auswahl): Der Heilige Horizont des Herzens. Perspektiven einer trinitarischen Soteriologie im Anschluss an Karl Rahner (Freiburger theologische Studien 186), Freiburg i. Br.–Basel–Wien 2018; Die Frage nach Erlösung als Frage nach Gott. Perspektiven einer trinitarischen Soteriologie, in: ZKTh 140 (2018), 244–262; mit Erwin Dirscherl: Dogmatik für das Lehramt. 12 Kernfragen des Glaubens, Regensburg 2019.*

Ansgar Kreutzer

(Meta-)Identität des Christlichen in der pluralen Gesellschaft

Zu Aktualität und Relevanz einer *kenotischen* Theologie[1]

1 Einleitung: Gegen die „identitäre Umformung des Christentums"[2]

Als beim Katholikentag 2018 in Münster auch der AfD-Vertreter zu einer Podiumsdiskussion der kirchenpolitischen Sprecher aller im deutschen Bundestag vertretenen Parteien eingeladen wurde, entwickelte sich dazu eine kontroverse Diskussion. „Ein Bündnis katholischer Vereine und Initiativen [rief, A.K.] dazu auf, den AfD-Politiker offiziell auszuladen und damit ein Zeichen gegen rechtes Gedankengut zu setzen."[3] Die Organisatoren hielten zwar an der Einladung fest, bestritten jedoch, der AfD damit ein Podium bieten zu wollen. Der Präsident des Zentralkomitees der deutschen Katholiken, Thomas Sternberg, bekräftigte bei dieser Gelegenheit seine Grundsatzkritik an der AfD, der er eine entfremdende Instrumentalisierung des Christentums vorwarf: „Die Partei geriere sich ‚als Verteidigerin des christlichen Abendlandes', stehe aber ‚im fundamentalen Widerspruch zum christlichen Menschenbild.'"[4]

Den „fundamentalen Widerspruch" machte er in der Positionierung zum Pluralismus fest. So kritisierte Sternberg die „Ideologie einer homogenen Gesellschaft, aus der sie [die AfD, A.K.] viele Menschen wegen deren Glaubens, deren Herkunft oder deren Überzeugungen ausgrenzen will"[5]. Solch klare gesellschaftspolitische Stellungnahmen kirchlicher Vertreter und Vertreterinnen gegen rechte Vereinnahmungstendenzen christlicher Identität werden von der wissenschaftlichen Theologie zunehmend sekundiert. Im Vorwort eines 2017 erschienenen Sammelbandes formuliert der Sozialethiker Walter Lesch: „Im Rahmen der aktuellen Kontroversen fällt auf, wie die christlichen Kirchen mit oft unmissverständlicher Schärfe gegen populistische Stimmungsmache und für ein Projekt aufgeklärter und toleranter Demokratie Partei ergriffen haben. Dieser Elan ist aus theologischer und ethischer Sicht nachdrücklich zu begrüßen […]."[6] Der Tübinger Pastoraltheologe Michael Schüßler ruft zum Widerstand gegen eine „identitäre" Interpretation des Christentums auf. Schüßlers Kern-

---

[1] Der Text beruht auf meiner Antrittsvorlesung, die ich am 15. Juli 2019 an der Justus-Liebig-Universität Gießen gehalten habe.
[2] Vgl. *Michael Schüßler*, Nicht ohne die Anderen! Widerständiges zur identitären Umformung des Christentums, in: LS 69 (2018), 392–399.
[3] Ebd., 392.
[4] https://www.kirche-und-leben.de/artikel/katholikentag-haelt-an-einladung-eines-afd-vertreters-fest/ [Abruf: 31.01.2020]. (Das Zitat im Zitat stammt von Thomas Sternberg.)
[5] Thomas Sternberg zit. n. ebd.
[6] *Walter Lesch*, Vorwort, in: *ders.* (Hg.), Christentum und Populismus. Klare Fronten?, Freiburg i. Br.–Basel–Wien 2017, 9–10, hier: 9.

argument besteht darin, christliche Identität gerade nicht singularistisch-identitär bestimmen zu können, sondern nur plural: „Das Christentum ist keine identitäre Religion!"[7] Das christliche Identitätskonzept einer „Treue zum […] Ursprung" gehe vielmehr von einer „notwendigen Vielfalt an Orten und Praxisformen" aus.[8]

Die folgenden Überlegungen reihen sich in diese Suche einer nicht-identitären Bestimmung christlicher Identität ein.[9] Sie stoßen dabei auf ein biblisch bezeugtes, rezeptionsgeschichtlich weit verbreitetes und in der aktuellen Theologie an Bedeutung gewinnendes christliches Leitmotiv, das sich in die Identitätssemantik einschreibt *und* sich zugleich davon distanziert: die im paulinischen Philipperbrief grundgelegte Rede von der „Kenosis", der sogenannten Selbst-Entäußerung Christi. Im Folgenden sollen Aktualität und Relevanz dieser christlichen Grundkategorie als nicht-identitärer Identitätsbestimmung des Christlichen in einem Dreischritt erschlossen werden: Den Ausgangspunkt stellt die identitätstheoretisch formulierte Pluralismustheorie dar, welche die österreichische Philosophin und Journalistin Isolde Charim vorgelegt hat. Daran schließt sich eine knappe Auslegung des biblischen Kenosismotivs an, das sich identitätstheoretisch interpretieren lässt. Schließlich soll in einem synthetischen Schritt die Bedeutung einer kenotisch bestimmten christlichen (Meta-)Identität für die plurale und individualisierte Gesellschaft herausgearbeitet werden.

2 „Weniger ich". Isolde Charims identitätstheoretische Konzeption des Pluralismus

Isolde Charims Buch „Ich und die Anderen. Wie die neue Pluralisierung uns alle verändert" stellt im Kern einen Wissenschaftsessay mit dem Mut zu klaren Durchblicken und zugespitzten Thesen dar.[10] Es lebt von einer – freilich auch immer wieder zu relativierenden – Dichotomie zwischen einer sich sukzessive auflösenden homogenen und einer sich immer stärker herausbildenden pluralistischen Gesellschaft:

2.1 Der „alte" Individualismus: (Fiktive) Homogenität

In einem breiten historischen Bogen interpretiert Charim die neuere Gesellschaftsgeschichte individualisierungstheoretisch. Individualisierung ist kein spätmodernes, heutiges Phänomen; vielmehr lässt die Autorin sie sozialgeschichtlich nach der Französischen Revolution um 1800 einsetzen. „In dieser Bewegung, die man als das erste Zeitalter des Individualismus bezeichnen könnte, tritt der Einzelne aus seinen vorgegebenen Zusammenhängen hinaus. Dieser erste, aus unserer Perspektive der ‚alte'

---

[7] *Michael Schüßler*, Nicht ohne die Anderen! (s. Anm. 2), 397.
[8] Ebd., 398.
[9] Identität, auch und gerade in einem nicht-identitären Sinne, scheint mir zunehmend Thema fruchtbarer theologischer Reflexionen; vgl. etwa: *Karlheinz Ruhstorfer*, Befreiung des „Katholischen". An der Schwelle zu globaler Identität, Freiburg i. Br.–Basel–Wien 2019; *Hans-Joachim Höhn*, Ich. Essays über Identität und Heimat, Würzburg 2018; *Viera Pirker*, fluide und fragil. Identität als Grundoption zeitsensibler Pastoralpsychologie, Ostfildern 2013.
[10] *Isolde Charim*, Ich und die Anderen. Wie die neue Pluralisierung uns alle verändert, Wien ²2018. Das vom Genre her populärwissenschaftlich gehaltene Buch erhielt 2018 den Philosophischen Buchpreis, der vom Forschungsinstitut für Philosophie in Hannover verliehen wird. Vgl. https://idw-online.de/de/news690997 [Abruf: 03.02.2020].

Individualismus hat den Einzelnen aus den Festschreibungen der Ständegesellschaft befreit."[11] Zur individualisierenden Demokratisierung tritt in Charims Lesart ein zweiter, anders gelagerter und doch komplementärer Prozess: die Nationalisierung. Die Komplementarität beider Prozesse erklärt die Autorin identitätstheoretisch: Demokratisierung lebt von der politischen Gleichheit aller Bürger und Bürgerinnen, beruht auf dem Absehen von individuellen Merkmalen im politischen Prozess: „Weil wir als [gleichberechtigte, A.K.] Wähler alle unsere Besonderheiten abstreifen."[12] Die durch diese Abstraktion entstehende Identitätslücke wird über ein spezifisches Identitätsangebot gefüllt: die nationale Zugehörigkeit. „Die Nation hat dem abstrakten demokratischen Subjekt, dem abstrakten Citoyen, der abstrakten Rechtsperson das Gegenteil einer Abstraktion angeboten. Sie hat ihm eine Gestalt angeboten. Eine Gestalt mit positiven Identitätsmerkmalen für das Individuum als öffentliche Person."[13] Wie der prominente Politikwissenschaftler Benedict Anderson hält Charim die im alten Individualismus Identität verleihende Nation zwar für eine Gemeinschafts*fiktion* („imagined community"),[14] die jedoch erfolgreich den *Eindruck* einer weitgehenden homogenen Gesellschaft erweckt. „Und genau deshalb – wegen dieser Gestalten – glauben wir, alle anderen Angehörigen unserer Nation zu kennen. Wir identifizieren uns, wir identifizieren die anderen mit diesem Typus. Genau weil es solche Gestalten gibt, funktionierte die nationale Illusion, genau deshalb hat die Illusion der homogenen Gesellschaft funktioniert."[15] Einer solch (fiktiv) homogenen Gesellschaft ordnet Charim – zumindest im Ideal – auf sozialer Ebene das Gefühl vollständiger Zugehörigkeit und auf individueller Ebene den Eindruck vollständiger Identität zu: „Homogen ist eine Gesellschaft, wenn man glaubt, ihr unmittelbar anzugehören – unmittelbar und selbstverständlich. Wenn man also glaubt, ihr voll und ganz anzugehören, voll und ganz zu sein. Das ist ihre wesentliche Definition."[16]

2.2 Der „neue" Individualismus: Pluralismus

Methodisch entwirft Charim die Kennzeichnung unserer Gegenwart, den „neuen Individualismus", als idealtypisches und dichotomes Gegenbild zum „alten Individualismus". Als anschauliches Paradigma des neuen Individualismus erscheint Charim eine Plakataktion der Wiener Integrationsbeauftragten:[17] „Vor einiger Zeit konnte man in Wien an vielen Orten ein Plakat sehen: ein türkisfarbenes Bild, auf dem stand: ‚Der Bauch sagt: Respekt ist Kopfsache.' Darunter vier Köpfe: ein Mann mit jüdischer

---

[11] *Isolde Charim*, Ich und die Anderen (s. Anm. 10), 16.
[12] Ebd., 17.
[13] Ebd., 18.
[14] Vgl. die Rede von der „imagined community" bei *Isolde Charim*, ebd., 21, und den schon klassischen Text: *Benedict Anderson*, Die Erfindung der Nation. Zur Karriere eines folgenreichen Konzepts, Frankfurt a. Main 1988 (Orig.: Imagined Communities. Reflections on the Origins and Spread of Nationalism, London 1983).
[15] *Isolde Charim*, Ich und die Anderen (s. Anm. 10), 19.
[16] Ebd., 22.
[17] Vgl. auch den Gastbeitrag dazu von *Isolde Charim* (vom 22.5.2015) in: https://www.wienerzeitung.at/meinung/gastkommentare/753279-Der-Mann-mit-dem-Trachtenhut.html [Abruf: 31.01.2020].

Kippa, ein Schwarzer, eine Frau mit Kopftuch und ein Mann mit Trachtenhut. Man sieht die vier Köpfe von hinten. Es geht also nicht um die einzelnen Individuen. Diese sind Träger von Zeichen, von Zeichen, die sie unterscheiden. Sie sind Repräsentanten von Ethnien, Religionen, Klassen. Interessant an dem Bild ist, dass der Trachtenhutträger Teil dieser Reihe ist."[18]

Im Einreihen des „Trachtenhutträgers", des in nationaler Stereotypie gedacht ursprünglich hegemonialen Typus im österreichischen Kontext (aus dem das Plakat stammt), in eine grundsätzlich fortsetzbare (plurale) Reihe gleichberechtigter Kulturtypen besteht der entscheidende Symbolwert des Bildes. Im neuen Individualismus haben sich die Parameter von Zugehörigkeit und Identität verschoben: Gibt es nicht mehr die eine als homogen erachtete Gesellschaft, kann es auch keine „volle" Zugehörigkeit mehr geben. Fällt diese die Individuen umgebende selbstverständliche Kultur als quasi monopolartige Identitätslieferantin weg, kann es individuell keine „ganze" Identität mehr geben: „Wenn die homogene Gesellschaft uns versprochen hat, dass wir ihr voll angehören können. Und wenn die homogene Gesellschaft uns versprochen hat, dass sie uns ganz macht, dass sie uns mit einer ganzen Identität versorgt, dann muss man jetzt im Umkehrschluss sagen: Eine heterogene, eine pluralisierte, eine vielfältige Gesellschaft bedeutet, dass man ihr nicht mehr ganz, nicht mehr direkt, nicht mehr selbstverständlich angehört. Und eine heterogene Gesellschaft bedeutet auch, dass wir nicht mehr auf dieselbe Art Ich sind. […] Wir sind nicht mehr ganz."[19]

Charim gesteht zu, dass das Identitätsmanagement unter pluralistischen Bedingungen mit der schwierigen Herausforderung verbunden ist, dass das Ich mit einer „Einschränkung seiner eigenen Identität"[20] auskommen muss: „Wir sind heute weniger Ich, weil wir eingeschränkt, weil wir nicht selbstverständlich, weil wir in Frage gestellt sind […]. Wir leben im *identitären Prekariat*. Und wie jedes Prekariat verlangt uns das mehr Arbeit ab als gesicherte, fixe Verhältnisse."[21] Aus diesem soziologischen Befund lässt sich eine – theologisch instruktive – Herausforderung für religiöse Identität unter pluralisierten Bedingungen ableiten.

2.3 Herausforderungen für religiöse Identität

Im Falle der Religionen und Religionsgemeinschaften ortet Charim, im Rückgriff auf den Religionssoziologen P. L. Berger, zwei Pluralismen:[22] Einerseits ist durch die Koexistenz verschiedener religiöser Überzeugungen auch das Feld der Religion vom Pluralismus durchdrungen. Sowohl religiöse Identität als auch religiöse Zugehörigkeit zu Glaubensgemeinschaften tendieren unter den Bedingungen sozialen und religiösen Pluralismus dazu, nicht mehr „voll" und „ganz" zu sein. „Die Pluralität konkurrierender Identitäten, Überzeugun-

---

[18] *Isolde Charim*, Ich und die Anderen (s. Anm. 10), 30.
[19] Ebd., 36.
[20] Ebd., 51.
[21] Ebd., 48.
[22] Die wissens- und religionssoziologische Pluralismustheorie P. L. Bergers steht in vielen Aspekten im Hintergrund von Charims Auseinandersetzungen mit der Pluralisierung: *Peter L. Berger*, Altäre der Moderne. Religion in pluralistischen Gesellschaften, Frankfurt a. Main–New York 2015.

gen, Gemeinschaften hat […] Eingang in den Glauben selbst gefunden."²³ Andererseits kommt zu diesem Pluralismus innerhalb der Religionen noch ein zweiter: der Pluralismus von Religiosität und Säkularität. Denn die friedliche Koexistenz verschiedener Religionen bedarf eines neutralen, in diesem Sinne säkularen Rahmens, in dem diese Verschiedenheit Platz hat, bedarf also des weltanschaulich neutralen Rechtsstaates. Eine symbolpolitische Konsequenz des neutralen Rechtsstaates besteht etwa darin, dass Repräsentanten des Staates *in ihrer Funktion* als Repräsentanten des Staates sich religiöser Symbolik zu enthalten haben. Charim macht dies am Beispiel des Justizsystems deutlich: Selbstverständlich können Träger des Rechtssystems, etwa Richter und Richterinnen, religiöse Menschen sein, selbstverständlich können sie sich im öffentlichen Raum der Symbole ihrer religiösen Identität bedienen (Kreuze, Kopftücher, Kippas). Sie können dies – Charims Modell nach – jedoch nicht, wenn sie *in Repräsentanz des Pluralität ermöglichenden neutralen Staats* auftreten. „So können etwa nicht nur christliche weiße Männer Richter werden, die die nationale Gestalt ‚erfüllen', sondern eben auch muslimische oder jüdische Männer oder Frauen – aber diese können nicht mit Kopftuch, mit Scheitel (der jüdischen Perücke) oder mit Kippa Recht sprechen."²⁴ Identitätstheoretisch gewendet setzt diese dem Pluralismus geschuldete Akzeptanz religiös neutraler Zonen die Einhegung der eigenen religiösen Identität voraus, die auch in diesem Sinne nicht mehr „ganz" ist oder sein darf: Es bedarf „in einer pluralisierten Ge-

sellschaft […] im Bereich der Öffentlichkeit einer Spaltung, einer Einhegung, einer Begrenzung der je besonderen Identität"²⁵. Aus dieser dem religiösen Pluralismus und dem neutralen Rechtsstaat geschuldeten Fähigkeit zur Selbstbegrenzung heraus postuliert Charim eine Art Metaidentität, die Bedingung gelingender Pluralität ist: Danach ist nicht entscheidend, welche kulturelle, weltanschauliche oder religiöse Identität wir haben. Entscheidend ist die Metaebene des Verhältnisses zu dieser Identität, wie Charim metaphorisch formuliert, „wie wir unsere Identität bewohnen"²⁶: „Die entscheidende Frage lautet nicht: *Wer bist du?* Die entscheidende Frage lautet vielmehr: *Wie stehst du zu dem, was du bist?* Wie stehst du dazu, Österreicher, Türke oder Tschetschene zu sein? Wie lebst du dein Christentum, dein Judentum, wie lebst du deinen Islam oder deinen Atheismus? *Das* ist die Frage der pluralisierten Gesellschaft. *Das* ist die Kernfrage unserer Zeit."²⁷ Für das christliche Selbstverständnis stellt, so der weiter zu entfaltende Leitgedanke, das Kenosismotiv eine zentrale Ressource dar, um die christliche Identität in einem pluralitätsfähigen Sinne zu „bewohnen".

3 Kenosis als Weise, die christliche Identität zu „bewohnen". Identitätstheoretische Interpretationen zum Philipperhymnus (Phil 2,5–11)

„Kenosis (griech. = Entleerung, Verzicht) ist ein neutestamentliches Wort, mit dem die Selbstentäußerung des göttlichen Lo-

---

²³ *Isolde Charim*, Ich und die Anderen (s. Anm. 10), 61.
²⁴ Ebd., 78 f.
²⁵ Ebd., 78.
²⁶ Ebd., 213.
²⁷ Ebd., 214.

gos in der Inkarnation [...] zum Ausdruck gebracht wird."²⁸ Es entstammt dem berühmten Philipperhymnus, dem Christuslob, das sich im Brief des Apostels Paulus an die Gemeinde von Philippi findet:

„Seid untereinander so gesinnt, wie es dem Leben in Christus Jesus entspricht: Er war Gott gleich, hielt aber nicht daran fest, Gott gleich zu sein, sondern er entäußerte sich [griech.: „ekénōsen", A.K.] und wurde wie ein Sklave und den Menschen gleich. Sein Leben war das eines Menschen; er erniedrigte sich und war gehorsam bis zum Tod, bis zum Tod am Kreuz. Darum hat ihn Gott über alle erhöht und ihm den Namen verliehen, der größer ist als alle Namen, damit alle im Himmel, auf der Erde und unter der Erde ihre Knie beugen vor dem Namen Jesu und jeder Mund bekennt: Jesus Christus ist der Herr – zur Ehre Gottes, des Vaters." (Phil 2,5–11)²⁹

Versteht man unter Identität, zunächst der Wortbedeutung nach, „Selbigkeit" (von lat. „idem" = „dasselbe"), also so etwas wie den Grundzug, das bleibende Erkennungsmerkmal einer Sache, so lässt sich dieser Text als ein Identitätsnarrativ des Neuen Testaments, ja des Christentums insgesamt verstehen. Der Bibelwissenschaftler Thomas Söding spricht von einem „neutestamentliche[n] Paradigma"³⁰. Dieser Text „schlägt zum ersten Mal einen Bogen von der Präexistenz über die Selbstentäußerung und Selbsterniedrigung Jesu Christi bis hin zur Erhöhung und zur Verleihung des Kyrios-Namens. Damit steht Phil 2,6–11 [...] am Beginn eines Weges christologischer Reflexion, der sich bis zu den Dogmen der großen Ökumenischen Konzilien und weit darüber hinaus verfolgen lässt"³¹. Im Zentrum des paradigmatischen, christliche Identität stiftenden Textes steht jedoch zugleich das Moment der Selbstentäußerung, der Selbstdistanz, des von Sich-Selbst-lassens („hielt aber nicht daran fest [...], son-

---

²⁸ So eine erste knappe Definition von *Herbert Vorgrimler*, Neues Theologisches Wörterbuch, Freiburg i. Br–Basel–Wien 2000, 342. Eine Auseinandersetzung mit dem Kenosismotiv unter der Perspektive theologischer Handlungstheorie habe ich in ausführlicher Form in meiner Habilitationsschrift unternommen: *Ansgar Kreutzer*, Kenopraxis. Eine handlungstheoretische Erschließung der Kenosis-Christologie, Freiburg i. Br.–Basel–Wien 2011. Insgesamt lässt sich eine gewisse Konjunktur theologischer Beschäftigungen, von unterschiedlichen Blickwinkeln aus, mit der Kenosisthematik verzeichnen. Vgl. z. B. das Themenheft „Die Kenosis der Ohnmacht": IKaZ 44 (2015), H. 3, und die einerseits unterschiedlich gelagerten, andererseits alle im Vulnerabilitätsdiskurs angesiedelten jüngeren Dissertationsschriften: *Katharina Ganz*, „… da ich aber als Frauenzimmer in der katholischen Kirche keine Stimme habe und folglich so viel als todt bin …". Kreativität aus Vulnerabilität am Beispiel der Ordensgründerin Antonia Werr, Würzburg 2016; *Miriam Leidinger*, Verletzbarkeit gestalten. Eine Auseinandersetzung mit „Verletzbarkeit" anhand der Christologien von Jürgen Moltmann, Jon Sobrino und Graham Ward, Regensburg 2018; *Michaela Neulinger*, Zwischen Dolorismus und Perfektionismus. Konturen einer politischen Theologie der Verwundbarkeit, Paderborn 2018. Im Rahmen ihrer breiten theologischen und interdisziplinären Auseinandersetzungen mit Verwundbarkeit greift ebenfalls Hildegund Keul auf die Kenosisthematik zu, vgl. etwa: *Hildegund Keul*, Inkarnation. Gottes Wagnis der Verwundbarkeit, in: ThQ 192 (2012), 216–232.
²⁹ Nach der Einheitsübersetzung der Heiligen Schrift, vollst. durchges. u. überarb. Ausg., Stuttgart 2016.
³⁰ *Thomas Söding*, Erniedrigung und Erhöhung. Zum Verhältnis von Christologie und Mythos nach dem Philipperhymus (Phil 2,6–11), in: *ders.*, Das Wort vom Kreuz. Studien zur paulinischen Theologie, Tübingen 1997, 104–131, hier: 112.
³¹ Ebd.

dern er entäußerte sich", [Phil 2,6]), ein Moment also, das – im Hinblick auf Charims Pluralismustheorie einer notwendigerweise *eingehegten* Identität – von Bedeutung für eine pluralitätsfähige Bestimmung des Christlichen sein könnte. Dieser spezifischen Form kenotisch eingehegter Identität soll mit identitätstheoretischen Interpretationen des Textes und im Sinne biblischer Inspirationen unter drei Aspekten nachgegangen werden:[32]

3.1 Die literarische Form des Christuslobes

Schon durch seine Komprimierung der Christusinterpretation muss dem dichten Text Phil 2,5–11 eine kerygmatische, eine den Glauben elementarisierend zum Ausdruck bringende Funktion zugeschrieben werden. Der Bibliker Franz Zeilinger nennt ihn daher eine „Kurzformel des Glaubens"[33]. Sein „Sitz im Leben" ist in einer Situation angesiedelt, die auch der kollektiven Selbstvergewisserung gilt: der Gemeindeliturgie. Zugleich nimmt der Text jedoch durch seine offenkundig literarische Gestaltetheit Abstand von einer klar definierten Glaubensformel. Zweifellos handelt es sich um einen poetischen, ja lyrischen Text, der einen „gehobenen, feierlichen Stil[]"[34] aufweist. Diese literarische Gestalt hat Auswirkungen auf eine adäquate Auslegung. Das Zentrum des Christentums wird hier nicht mit einem spekulativ-dogmatischen, sondern gerade mit einem vom Genre her wesentlich interpretationsoffenerem poetischen Text in Worte gefasst. „Phil 2,6–11 stellt keinen theologischen Traktat dar, sondern ein kerygmatisches Christuslob, dessen sprachlicher Ausdruck wesentlich metaphorisch und doxologisch geprägt ist."[35] Insofern wird mit dieser zu pluralen Interpretationen einladenden literarischen Form dem identitätsstiftenden Christusbekenntnis eine Pluralitätsaffinität eingeschrieben.

3.2 Die ethischen Einbindungen des Christusbekenntnisses

Bereits Paulus umgibt das ihm vermutlich vorliegende Christusgedicht mit einem bezeichnenden Rahmen, einer sozusagen spezifischen Metaebene. Er bettet den christologischen Text in einen paränetischen (also der Gemeindeermahnung dienenden) und ethischen Kontext. Dies zeigt sich auf einer literarischen Makro- wie Mikroebene:

Auf der Gesamtebene seines Briefes an die Philipper ordnet Paulus den Christushymnus in sein Zentralthema, die Eintracht in der Gemeinde ein, wie es programmatisch in Phil 2,2 zum Ausdruck kommt: „[...] macht meine Freude dadurch vollkommen, dass ihr eines Sinnes seid, einander in Liebe verbunden, einmütig, einträchtig". In der Mitte seiner Gemeindeermahnung im Brief, Phil 1,12–3,1, platziert Paulus bewusst den Christushymnus.

---

[32] Ich greife hier auf elaboriertere bibeltheologische Ausführungen zurück aus: *Ansgar Kreutzer*, Kenopraxis (s. Anm. 28), 174–236 (Lit!); vgl. darüber hinaus auch *ders.*, Kenosis und Solidarität. Die Perspektive der „Christopraxis", in: *ders.*, Politische Theologie für heute. Aktualisierungen und Konkretionen eines theologischen Programms, Freiburg i. Br.–Basel–Wien 2017, 181–203.
[33] *Franz Zeilinger*, Zum Lobpreis seiner Herrlichkeit. Exegetische Erschließung der Neutestamentlichen Cantica im Stundenbuch, Freiburg i. Br.–Basel–Wien 1988, 74.
[34] *Samuel Vollenweider*, Der „Raub" der Gottgleichheit. Ein religionsgeschichtlicher Vorschlag zu Phil 2.6(–11), in: NTS 45 (1999), 413–433, hier: 415 (im Orig. kursiv).
[35] *Rainer Schwindt*, Zu Tradition und Theologie des Philipperhymnus, in: SNTU (2006), 1–60, hier: 3.

Auch auf der Mikroebene der unmittelbaren innertextuellen Bezüge des Hymnus stellt Paulus das identitätsbildende christologische Bekenntnis unter spezifisch ethische Vorzeichen. Zwei Verse vor dem Aufrufen des Christuslobes kommt er zum individualethischen Kern seiner Gemeindeermahnung, dem Aufruf zur Demut, als zentrale Bedingung der von ihm so gewünschten Eintracht in der Gemeinde: „dass ihr nichts aus Streitsucht und nichts aus Prahlerei tut, sondern in Demut (tapeinophrosýnē) schätze einer den andern höher ein als sich selbst." (Phil 2,3) Schließlich stellt auch der unmittelbare Einleitungsvers Phil 2,5 eine dezidierte Verbindung von Ethik und Christologie her: „Seid untereinander so gesinnt, wie es dem Leben in Christus Jesus entspricht." Ein etwas subtilerer Zusammenhang von Christusdeutung und Demutsethos zeigt sich im griechischen Urtext klarer: Das auf der ethischen Ebene angesiedelte Demutsmotiv aus V. 2,3 („in Demut"/„tapeinophrosýnē") wird in der Interpretation des Christusereignisses in Phil 2,8 mit einem Wort aus der gleichen Wortfamilie wieder aufgenommen: „er [Christus] erniedrigte sich [etapeínōsen]". Im wahrsten Sinne des Wortes entsteht so für die (griechisch sprechenden) Leserinnen und Leser ein Gleichklang aus Ethik und Christologie: „Als Urbild und Vorbild prägt Jesus Christus das Selbstverständnis und das Verhalten von Gemeinde und Apostel."[36]

In unserem Zusammenhang ist beachtlich, dass das Identitätszentrum des Christentums, die verdichtete Christusinterpretation im Hymnus, von Paulus konstitutiv unter die damit engstens verbundene Metaebene eines Ethos der Demut und Bescheidenheit gestellt wird. Bereits auf biblischer Ebene gilt für das Kenosismotiv: Christliche Identität und Fähigkeit zur Selbstzurücknahme, zur „Einhegung von Identität" (nach Charim) durchdringen sich.

3.3 Die politischen Konnotationen

In Auslegungen des Philipperhymnus wird nicht nur auf dessen ethische Rahmung bei Paulus, sondern ebenso auf dessen Aufgreifen politischer Semantik verwiesen.[37] So unterbreitet etwa der Exeget Samuel Vollenweider den „Vorschlag einer erneuerten *politischen* Auslegung von Phil 2.6"[38]. Für instruktiv zur Interpretation des ganzen Christushymnus hält er den Eingangsvers Phil 2,6, den die Einheitsübersetzung mit den (politisch entschärften) Worten wiedergibt: „Er war Gott gleich, hielt aber nicht daran fest, Gott gleich zu sein." Auf eine politisch-theologische Spur bringt hingegen der griechische Originaltext, der den etwas rätselhaften Ausdruck „ouch harpagmón", deutsch „nicht wie einen Raub", enthält. Eine wörtlichere Übersetzung von Phil 2,6 müsste demnach lauten: „nützte das Sein gleich Gott nicht wie einen Raub (,ouch harpagmón') aus"[39]. Diese mit Besitz- und Herrschaftsmetaphorik

---

[36] *Udo Schnelle*, Einleitung in das Neue Testament, Göttingen 1999, 154.

[37] Vgl. zu solchen politischen Assoziationen z. B. auch *Rainer Schwindt*, Zu Tradition und Theologie des Philipperhymnus und die Zusammenstellung bei *Ansgar Kreutzer*, Solidarität *und* Kenosis (s. Anm. 32), 196–199.

[38] *Samuel Vollenweider*, Der „Raub" der Gottgleichheit (s. Anm. 34), 427; vgl. auch unter ähnlicher Perspektive zum Philipperbrief insgesamt: *ders*, Politische Theologie im Philipperbrief?, in: *Dieter Sänger / Ulrich Mell* (Hg.), Paulus und Johannes, Tübingen 2006, 457–469.

[39] So die wörtlichere Übersetzung bei *Franz Zeilinger*, Zum Lobpreis seiner Herrlichkeit (s. Anm. 33), 71.

operierende Semantik erschließt Vollenweider religionshistorisch. Dabei stellt er motivgeschichtliche Zusammenhänge zwischen dem „Gott gleich Sein" und illegitimen Herrschaftsansprüchen her: „Gleichheit mit Gott hat es sowohl in der jüdischen wie in der hellenistischen Welt entscheidend mit *Herrschaft* zu tun."[40] Im jüdisch-biblischen Kontext trifft Vollenweider auf den „Typ von gewaltigen *Herrschern* [...], die in ihrer Machtfülle die letzten menschlichen Grenzen überschreiten und sich eine göttliche Position anmassen"[41]. Für den hellenistischen Zusammenhang nennt er u. a. Stilisierungen des griechischen Feldherrn Alexanders als „exemplarische[n] Welträuber[s]"[42]. Diese religionsgeschichtlichen Bezüge der verwandten Semantik führen zu einer politisch-theologischen, herrschafts- und sozialkritischen Lesart des Textes, die mit der machtkritischen Einschärfung eines Demutsethos bei Paulus korrespondiert: „der sich selbst erniedrigende Christus wird in Phil 2.6–11 als Gegenbild zum Typ des sich selbst erhöhenden Herrschers dargestellt. Christi Weltherrschaft beruht nicht auf Usurpation und Selbsterhöhung, sondern auf Entäußerung und Dahingabe für Andere."[43] Das hier anklingende, politisch-theologisch relevante Solidaritätsmotiv, die „Dahingabe" Jesu Christi für Andere, seine Identifizierung mit den Herabgewürdigten, die Paulus als Ur- und Vorbild christlichen Lebens darstellt, ist in der Rezeptionsgeschichte des Textes herausgestri-

chen worden: „In der Theologiegeschichte [...] wurde und wird die Kenosis im Zusammenhang mit der Solidarität Jesu mit den Erniedrigten [...] betont."[44]

3.4 Biblische Inspirationen zur Bestimmung christlicher Identität

Damit ergeben sich aus einer solchen, freilich selektiv identitätstheoretisch interessierten Lesart des biblisch und theologiegeschichtlich zentralen Philipperhymnus zusammengefasst einige Inspirationspotenziale zur Bestimmung christlicher Identität:

Obwohl (oder weil) es sich um einen kerygmatisch verdichteten Text, eine Komprimierung der Christusdeutung, handelt, ist diese Identifizierung des Christlichen gerade in die für plurale Interpretationen offeneren Formen von Hymnus und Poesie gegossen. Paulus verklammert die Selbstentäußerung Christi als zentralen Glaubensinhalt konstitutiv mit einem Ethos von Demut und Eintracht. Und die Semantik des Textes weist offensichtliche Assoziationen in den politischen Bereich auf und lässt sich herrschafts- und sozialkritisch lesen. Sie bettet das Christusbekenntnis und die ihm entsprechende Lebensform ein in die theologisch zentrale Idee göttlicher und menschlicher Solidarität mit den Herabgewürdigten und Erniedrigten. Insofern weist schon das biblische Kenosismotiv inspirierende Metaebenen zur Bestimmung, zum „Bewohnen" christ-

---

[40] *Samuel Vollenweider*, Der „Raub" der Gottgleichhheit (s. Anm. 34), 420.
[41] Ebd., 419.
[42] Ebd., 426.
[43] Ebd., 431.
[44] *Herbert Vorgrimler*, Neues Theologisches Wörterbuch (s. Anm. 28), 342. Verbindungslinien zwischen Kenosis und Solidarität in systematisch-theologischer Perspektive werden etwa auch gezogen bei *Edward Schillebeeckx*, Christus und die Christen. Die Geschichte einer neuen Lebenspraxis, Freiburg i. Br.–Basel–Wien 1977, 158–167 (Auslegung von Phil 2,6–11) und – anders gelagert – bei *Hans Urs von Balthasar*, Theologie der drei Tage, Einsiedeln 1990 (vgl. dazu *Ansgar Kreutzer*, Kenopraxis [s. Anm. 28], 382–390).

licher Identität auf, die sich vor dem eingangs gezeichneten Hintergrund einer pluralisierten und individualisierten Gesellschaft theologisch fortschreiben lassen.

4 Pluralitätsfähigkeit und Kritik negativer Individualisierung. Soziale Relevanzen kenotischer Theologie heute

4.1 Pluralität, Dialog der Religionen und kenotische Meta-Identität

Charims Zeitdiagnose, die wir den Überlegungen zur Aktualität des Kenosismotivs zugrunde gelegt haben, zielt auf eine Erfassung des heutigen, auch religiösen Pluralismus. Zu diesem Kontext passend hat der Münchner Dogmatiker Bertram Stubenrauch seine Theologie des interreligiösen Dialogs kenotisch angelegt und von der „große[n] Stunde dieses Gedankens [der Kenosis, A.K.]" für den „religionstheologischen Disput" gesprochen.[45] Gerade anhand von Stubenrauchs kenotischer Theologie der Religionen bewährt sich die mit Charims Pluralismuskonzept eingeführte Unterscheidung von Identität und Metaidentität, die sie auf die Metapher des „Bewohnens" der eigenen Identität bringt.

Denn Kenosis spielt für Stubenrauchs Religionstheologie auf beiden Ebenen eine Rolle: bei der Bestimmung der christlichen Identität, aber auch bei der Metaebene eines angemessenen Verhältnisses zu dieser Identität. Auf der ersten Ebene, der Umschreibung christlicher Identität, ist für Stubenrauch die Kenosis, also die Selbstentäußerung Christi in Inkarnation und Kreuzesgeschehen, ein zentraler Glaubensinhalt, eine wichtige Elementarisierung des christlichen Glaubens. So ist er davon überzeugt, dass sich „mit Hilfe des Kenosisbegriffs das biblisch bezeugte Heilsgeschehen in einer letzten Tiefe beschreiben"[46] lässt. Dabei ist Stubenrauch gerade auch die Konkretheit dieses Heilsgeschehens und seine damit verbundene Unterscheidbarkeit von anderen, nichtchristlichen Heilsangeboten zentral. In einer klaren Distanzierung von einer Haltung „dogmatische[r] Gleichgültigkeit"[47] besteht er auf den inhaltlichen Differenzen verschiedener religiöser Überzeugungen: Die „Unterschiede zwischen den Religionen sind nun einmal beträchtlich"[48]. In diesem Sinne ist für Stubenrauch die Kenosis, also der Glaube an die Offenbarung Gottes in der Selbstentäußerung Christi, ein zentrales Identitäts- und auch ein Unterscheidungsmerkmal des Christentums.

Auf der Metaebene des Verhältnisses zu dieser Identität entwickelt Stubenrauch – wieder mit Bezug zur Kenosis – jedoch gerade keinen distinkten, keinen abgrenzenden, sondern vielmehr einen dialogischen Habitus. So verbietet ihm eine auf der Kenosis gegründete Interpretation des Christentums jegliche triumphalistische Haltung gegenüber anderen Religionen. Aus der Besinnung auf die Zentren christlichen Glau-

---

[45] *Bertram Stubenrauch*, Christus, die Kenosis Gottes und das Gespräch zwischen den Religionen, in: *Ulrike Link-Wieczorek / Uwe Swarat* (Hg.), Die Frage nach Gott heute. Ökumenische Impulse zum Gespräch mit dem „Neuen Atheismus", Leipzig 2017, 163–178, hier: 163. Vgl. auch Stubenrauchs ausführlichere Habilitationsschrift zur Thematik: *ders*., Dialogisches Dogma. Der christliche Auftrag zur interreligiösen Begegnung, Freiburg i. Br.–Basel–Wien 1995.
[46] *Ders*., Christus, die Kenosis Gottes und das Gespräch zwischen den Religionen (s. Anm. 45), 165f.
[47] Ebd., 165.
[48] Ebd., 170.

bens, Inkarnation, Kenosis und Kreuz, entspringt eine „Gesinnung", „die noch einmal das Unerhörte, Widerständige spiegelt, dass Gottes Herrschaft ausgerechnet an einer Richtstätte zum Durchbruch kommt"[49]. Dies verträgt sich nicht mit „eine[m] triumphalen Überlegenheitsgefühl[]"[50]. So werden Herrschafts- und Gewaltabstinenz im Licht der Kenosis zu den zentralen Kriterien des Christseins, deren Überprüfung „extern" erfolgt, durch „Andersgläubige": „Es darf nicht sein, dass auch die Religion den Triumph gottvergessener Macht anstrebt. Hier steht das Christentum zuerst auf dem Prüfstand; seine Wahrnehmung von Seiten Andersgläubiger, die womöglich besser verstanden haben, was Friede und Gewaltlosigkeit bedeutet, ist als Sehhilfe für die Christen unerlässlich."[51] Die im Kenosismotiv grundgelegte Selbstbescheidung führt Stubenrauch auch zur Religions- und damit letztlich zur Selbstkritik: „Das Kreuz Jesu bedeutet die unaufhebbare Krisis jeder Religion. Kein Glaubenssystem darf sich selbst vergöttlichen und damit der Kritik entziehen."[52] Schließlich folgt aus einem kenotischen Selbstverständnis des Christentums, seine Offenheit, ja Angewiesenheit auf Pluralität. Denn: „Christen brauchen die Weisheit der anderen […]. Sie brauchen das Gespräch mit den verschiedenen Kulturen und Denkrichtungen, damit ihnen aufgeht, in welche Tiefendimension das Wort Gottes reicht."[53]

Zieht man die mit Charim entwickelte Deutefolie zur Pluralismusfähigkeit von Religionen heran, so erscheint die kenotisch angelegte Religionstheologie Stubenrauchs als Musterbeispiel dafür, wie Bestimmung *und* Einhegung von Identität durch den Bezug zum Kenosismotiv gleichermaßen möglich werden.

4.2 Negative Individualisierung, soziale Exklusion und kenotische Solidarität

Eine zweite soziale Relevanz des christlichen Kenosismotivs, die über seine Bedeutung für den interreligiösen Dialog hinausreicht, knüpft an die politisch-ethischen Konnotationen an, die schon Anhalt im biblischen Text gefunden haben. Charims Pluralismustheorie möchte nicht nur Gesellschaft beschreiben, sondern auch Beiträge leisten, um „eine pluralisierte Gesellschaft lebbar zu machen"[54]. Dabei hebt sie (wie gesehen) vor allem auf kulturell bestimmte Identitätspolitiken und deren Einhegungen ab. Zu einer friedfertigen, sozial temperierten Gesellschaft gehört freilich auch die Einhegung sozialer Schieflagen, die Charim zwar nicht prioritär behandelt, aber doch im Blick hat: „Identitäts- und Klassenfragen" sind „nicht fein säuberlich zu trennen"[55]. „Antidiskriminierung ist […] nicht einfach ein Kulturkampf."[56] Auch angesichts sozioökonomischer Konfliktherde, die in die kulturellen Identitätskonflikte hineinspielen, kann eine politisch sensible Kenosistheologie ihre Relevanz erweisen:

Individualisierung, die Charim insbesondere kulturell deutet, hat sozioöko-

---

[49] Ebd., 167.
[50] Ebd.
[51] Ebd., 173.
[52] Ebd.
[53] Ebd., 171.
[54] *Isolde Charim*, Ich und die Anderen (s. Anm. 10), 72.
[55] Ebd., 200.
[56] Ebd.

nomische Schattenseiten. Die Soziologin Cornelia Koppetsch etwa spricht von einer „*negative[n] Individualisierung*", die „keine Freisetzung von Autonomie, sondern eine schrittweise Entkopplung vom Sozialen, gewissermaßen eine De-sozialisierung des Individuums"[57] bedeutet. Eine solch negative Individualisierung kann zu existenzbedrohender Prekarisierung führen etwa durch „lange Phasen der Arbeitslosigkeit", „geringfügige Beschäftigungen" und damit verbunden „soziale[] Isolation"[58]. In der Ungleichheitsforschung ist für unsere Gesellschaft vom Um-sich-Greifen sozialer Exklusion die Rede, von einer zunehmenden Zahl von Menschen, die „den Anschluß an den Mainstream unserer Gesellschaft verlieren"[59]: „Die Soziologie hat dafür einen neuen Begriff geprägt: Es geht nicht mehr allein um soziale Ungleichheit, auch nicht um materielle Armut, sondern um soziale Exklusion. Der Bezugspunkt dieses Begriffs ist die Art und Weise der Teilhabe am gesellschaftlichen Leben [...]"[60]. Der Soziologe Heinz Bude erläutert dieses alltägliche Leiden unter Ausschluss inmitten der Gesellschaft plastisch: „Kinder, die in Verhältnissen aufwachsen, wo es für keinen Zoobesuch, keinen Musikunterricht und nicht für Fußballschuhe reicht, junge Leute ohne Hauptschulabschluss, die sich mit Gelegenheitsjobs zufrieden geben müssen, Frauen und Männer mittleren Alters, die ‚freigesetzt' worden sind und keine Aussicht auf Wiederbeschäftigung haben"[61]. Hinzukommt, dass dieser soziale Ausschluss selbst noch einmal auf der Ebene öffentlicher Wahrnehmung verdrängt wird, weil er nicht in das Selbstbild der Wohlstandsgesellschaft passt. Alarmiert hält der Armutsforscher Christoph Butterwegge fest: „Die in der wohlhabenden, wenn nicht reichen Bundesrepublik stark zunehmende Armut wird [...] nicht konsequent bekämpft, sondern von den meisten Politiker(inne)n, Publizist(inne)n und Wissenschaftler(inne)n immer noch geleugnet, verharmlost und verschleiert."[62]

Diese Gemengelage von sozialer Exklusion und der Ausblendung dieser Exklusion bildet den Hintergrund einer politisch-theologischen Interpretation von Kenosis. Ein Beispiel hierzu findet sich beim Paderborner Pastoraltheologen Herbert Haslinger. Haslinger spricht von der „pastoralen Notwendigkeit eines nicht schönen Jesusbildes", das es angesichts herausgeputzter Hochglanzfassaden der Leistungs- und Wohlstandsgesellschaft, hinter denen Elend sich versteckt und versteckt wird, kritisch in Anschlag zu bringen gilt. In der mit Blick auf den unschönen, den leidenden Christus geschärften Sensibilität für verstecktes Leiden sieht Haslinger die soziale Relevanz des Christusbildes: „Ist es nicht gerade das Unschöne, Irritierende und Verstörende am christlichen Glauben, darunter das Bild des geknechteten und erniedrigten Gottessoh-

---

[57] *Cornelia Koppetsch*, Jenseits der individualisierten Mittelstandsgesellschaft. Zur Ambivalenz subjektiver Lebensführung in unsicheren Zeiten, in: *Peter A. Berger / Ronald Hitzler* (Hg.), Individualisierungen. Ein Vierteljahrhundert „jenseits von Stand und Klasse", Wiesbaden 2010, 225–243, hier: 237.
[58] Ebd.
[59] *Heinz Bude*, Die Ausgeschlossenen. Das Ende vom Traum einer gerechten Gesellschaft, München 2010, 9.
[60] Ebd., 13.
[61] Ebd., 19.
[62] *Christoph Butterwegge*, Armut in einem reichen Land. Wie das Problem verharmlost und verdrängt wird, Frankfurt a. Main ⁴2016, 7 f.

nes, mit dem dieser Glaube heute Relevanz erreichen und Eingang in den allgemeinen Diskurs der Gesellschaft finden kann, weil er damit den Menschen einen Ort und ein Artikulationsmedium für Erfahrungen bietet, die unweigerlich zu ihrem Leben gehören, die aber im ständigen Wettlauf der gesellschaftlichen Kräfte um das schönste, erfolgreichste Sich-Präsentieren keinen Platz und keine Geltung bekommen?"[63] In diesem Kontext greift Haslinger naheliegender Weise auch direkt auf den Philipperhymnus zu und interpretiert Jesus Christus in Anlehnung daran als den „Heruntergekommenen" – in einer doppelten Bedeutung: als denjenigen, der als selbst Heruntergekommener, Entwürdigter solidarisch mit den Heruntergekommenen, Entwürdigten ist und als denjenigen, der als von Gott Heruntergekommener Gottes Solidarität mit allen Heruntergekommenen und Entwürdigten bezeugt: „Es geht [im Philipperhymnus, A.K.] […] um den zentralen Inhalt unseres Glaubens: Gott ist in Jesus Christus Mensch geworden, zu uns Menschen heruntergekommen. Im griechischen Text findet sich als Ausdruck ‚tapeinós'. Er bedeutet ‚gering', ‚unbedeutend', ‚schwach', beschreibt mithin die Haltung der sozial deklassierten, gering geschätzten Leute. Gott hat sich in die Niedrigkeit ihres Daseins hineinbegeben; er hat sich solidarisch mit ihnen der Wirklichkeit ihres alltäglichen Lebens ausgesetzt: der Ohnmacht, dem Verachtetwerden, dem Leiden, der Unvollkommenheit."[64] Die Besinnung auf eine Theologie der Kenosis kann so – nicht zuletzt in den oft bürgerlich abgesicherten Milieus des realexistierenden Christentums – zu einer Sensibilisierung für prekäre Lebenslagen beitragen, was angesichts einer öffentlichen Wahrnehmung, die zur Verdrängung von Leiden und Ausschluss neigt, Not tut. Die soziale Relevanz kenotischer Theologie liegt so nicht nur im Kompatibilitätsaufweis von christlicher Identität und pluraler Gesellschaft, sie realisiert sich auch in der Solidarität mit den Opfern einer hochindividualisierten und exklusionsgefährdeten Gesellschaft. Das Kenosismotiv ist gesellschaftsaffirmativ für die plurale, es ist aber gesellschaftskritisch gegenüber einer entsolidarisierten Gesellschaft.

5 Zum Schluss: Kenosis und die gebotene Interdisziplinarität der Theologie

Interpretiert man, wie hier geschehen, Kenosis auch in einem handlungstheoretischen Sinn als Inspiration für eine bestimmte Haltung, als Anstoß, in besonderer Weise mit seiner Identität umzugehen, lässt sie sich auf einen speziellen (auch sich selbst relativierenden) Reflexionshabitus der Theologie insgesamt übertragen, wird sie quasi zu einer wissenschaftstheoretischen Kategorie, die sich auch für das interdisziplinäre Gespräch fruchtbar machen lässt:[65]

Der Soziologe Tilmann Allert hat in seiner essayistisch angelegten „Soziologie

---

[63] *Herbert Haslinger*, „Der Heruntergekommene". Zur pastoralen Notwendigkeit eines nicht schönen Jesusbildes, in: ThGl 98 (2008), 392–413, hier: 393.

[64] Ebd., 409f.

[65] In einem wissenschaftstheoretischen Sinn haben etwa der Systematische Theologe Roman Siebenrock und der Pastoraltheologe Rainer Bucher für einen kenotischen Habitus ihres jeweiligen theologischen Faches plädiert: *Roman A. Siebenrock*, Kenotische Vernunft. Zur Bestimmung des sapientialen Charakters theologischer Rationalität, in: *Josef Meyer zu Schlochtern / ders.* (Hg.), Wozu Fundamentaltheologie? Zur Grundlegung der Theologie im Anspruch von Glaube und Vernunft, Paderborn 2010, 93–112; *Rainer Bucher*, Theologie im Risiko der Gegenwart. Stu-

der kleinen Dinge" u. a. einen instruktiven Blick auf wissenschaftliche Interdisziplinarität geworfen.[66] Darin nimmt er Interdisziplinarität als „schicke Maxime[]"[67] im gegenwärtigen Wissenschaftstreiben wahr, die zugleich als deutliches Anforderungsprofil an wissenschaftliche Aktivitäten herangetragen wird: „Kein Projekt, kein Antrag, kein Vorhaben ohne irgendeine Anmerkung zur Interdisziplinarität […]."[68] Neben dem „Schick" und dem Verpflichtungscharakter, den Allert interdisziplinären Vorhaben zuschreibt, macht er realistischer Weise auch auf deren Komplexität aufmerksam. Sich der Interdisziplinarität „auszusetzen ist eine Herausforderung und alles andere als eine Frage von Terminabsprachen"[69]. Zentrale Voraussetzung für gelingende Interdisziplinarität stellt jedoch nicht nur die jeweils eingebrachte eigene wissenschaftliche Kompetenz dar, sondern auch eine Metakompetenz zur Kooperation, eine, in Anlehnung an Charim formuliert, bestimmte Art, die eigene „Disziplinenidentität zu bewohnen". Diese Metakompetenz besteht nach Allert in der Fähigkeit zur „Kompetenzabgabe", in der „Einsicht in die Begrenztheit des eigenen Vermögens", in der „Bereitschaft, auf den disziplinären Stolz zu verzichten".[70] Wenn diese Selbstbescheidung der eigenen wissenschaftlichen Perspektive gelingt, dann winken die Verheißungen der Interdisziplinarität: „produktive Dissonanz- oder auch Konsonanzerlebnisse", „Erfahrungsgewinn" und „die überraschende Lektüre des eigenen […] Entwurfs, die die neuen Nachbarn von nebenan versprechen".[71]

Eine von pluralitätsfördernder Selbstbescheidung überzeugte, weil *kenotisch* ausgerichtete Theologie könnte insofern gute Voraussetzungen mitbringen, um – im gleichen Bild gesprochen – zur gedeihlichen Nachbarschaft im Haus der Wissenschaften beizutragen. Auch in diesem wissenschaftstheoretischen und -politischen Sinne gewinnt eine kenotische Theologie an Aktualität und Relevanz.

Der Autor: *Ansgar Kreutzer, geb. 1973, Doppelstudium der Katholischen Theologie sowie der Soziologie und Philosophie der Religion des Christentums. Promotion 2006 (Karl-Rahner-Preis), Habilitation 2010, Professor für Fundamentaltheologie an der Katholischen Privat-Universität Linz 2011–2017; Professor für Systematische Theologie am Institut für Katholische Theologie der Justus-Liebig-Universität Gießen seit 2017. Publikationen zur Thematik: Die Performanz des interreligiösen Dialogs für die plurale Gesellschaft – und ihre theologische Bedeutung, in: Ansgar Kreutzer u. a. (Hg.), Vielfalt zeigen. Religion, Konfession und Kultur in Vermittlung, Ostfildern 2019, 119–142; Anerkennungskonflikte und interreligiöse Dialoge. Soziologische und (fundamental)theologische Perspektiven auf Religion in der Öffentlichkeit, in: F. Gmainer-Pranzl u. a. (Hg.), „… mit Klugheit und Liebe" (Nostra aetate 2). Dokumentation der Tagungen zur Förderung des interreligiösen Dialogs II, Linz 2020, 37–53; GND: 122471059.*

---

dien zur kenotischen Existenz der Pastoraltheologie zwischen Universität, Kirche und Gesellschaft, Stuttgart 2010.
[66] *Tilmann Allert*, Latte Macchiato. Soziologie der kleinen Dinge, Frankfurt a. Main 2015.
[67] Ebd., 131.
[68] Ebd.
[69] Ebd., 135.
[70] Alle Zitate: ebd., 133.
[71] Alle Zitate: ebd.

Das aktuelle theologische Buch

◆ Raberger, Walter: Eine kritische Dogmatik. Ausgewählte Traktate in Vorlesungsform. Wagner Verlag, Linz 2019. (633) Kart. Euro 32,00 (D, A) / CHF 32,62. ISBN 978-3-903040-45-8.

Großes Denken in Nebensätzen

Walter Raberger hat in dem Werk *Eine kritische Dogmatik* acht Traktate „in Vorlesungsform", wie es heißt, vorgelegt. Der Bogen wird von Schöpfungstheologie über Gnadentheologie, Christologie und Mariologie bis hin zur Eschatologie gespannt. Dazu kommen Texte zu Theodizee, Erbsünde und Reformation. Der Hinweis auf die Vorlesungsform darf nicht fehlen, denn die Texte, die auf eine Fülle von Texten verweisen, warten geradezu darauf, kommentiert und mit Beispielen illustriert zu werden. Der Begriff Vorlesung steht hier für ein Programm: einesteils, weil Rabergers Texte gelesen, vorgelesen und nachgelesen werden müssen; sie können nicht in flapsigen Kurzformeln auf moderne PowerPoint-Formate gezwängt werden. Andernteils weil eine kritische Dogmatik auf ein Modell von Rede und Widerrede, Lesung und Diskussion, Text und Anmerkung aufgebaut ist.

In Rabergers Projekt werden theologische und philosophische Zugangsweisen zu einem nahtlosen Gewand verwoben. Hier wird Dogmengeschichte (mit Thomas) von der Metaphysik her angenähert, Metaphysik (mit Kant) als erkenntnistheoretisches Projekt betrieben, Erkenntnistheorie (mit Wittgenstein) als Sprachanalyse verstanden, Sprachanalyse (mit Habermas) als Gesellschaftskritik positioniert. Raberger versteht es, aus Fülle Fokus und aus Fokus Fülle zu machen.

Das vorliegende Werk ist in vielerlei Hinsicht Spitze eines Eisbergs – die publizierten Texte sind ein Bruchteil dessen, was Walter Rabergers intellektuelle Lebensleistung ausmacht; die zitierten Texte reflektieren einen kleinen Ausschnitt dessen, was sein Repertoire konstituiert. Hier kann sich so manche selbstgefällige Titanic bestimmter dogmatischer Zugänge, seien sie rein historisch konstruiert, seien sie rhetorische Übungen ohne Tiefgang, täuschen, wenn sie auf diesen Eisberg zufährt. Walter Raberger hat Lesepensum mit Scharfsinn, tiefes Fundament mit Spitze verbunden.

Zwei Dinge werden jeder Leserin und jedem Leser auffallen: erstens das Bemühen einer Metaebene; die Verwendung von Metasprache durch den Gebrauch von Kursivierungen und Anführungszeichen ist auffallend. Dieser Gang in die Metasprache ist gleichzeitig ein Gang in ein Metadenken, ein Denken über Denken, eine aufgeklärte Reflexion über die Dialektik aufgeklärten Denkens. Hier ist langsames Lesen angesagt, kein rasches Abernten von Zitaten. Apropos „Zitat": Zweitens wird es allen auffallen, dass die Vorlesungen vor allem auf das Medium des Zitats setzen. Es ist Auslegungskunst, die sich u. a. an hebräischen, griechischen, lateinischen Texte abarbeitet. Das Grundgerüst der Traktate bilden sorgsam ausgewählte Zitate, ein Florilegium aus Rabergers reicher Bibliothek. Dabei stützen diese Texte Rabergers Denken, wie auch Rabergers Denken diesen Texten zu Aussagekraft verhilft.

Die Fülle an Texten hat dennoch einen Brennpunkt, den Raberger, wenig überraschend, in der Einleitung mit einem Zitat umreißt. Das Zitat stammt aus *Gaudium et Spes* 4 und besagt: „Es ist deshalb nötig, dass die Welt, in der wir leben, sowie ihre Erwartungen, Bestrebungen und ihr oft dramatischer Charakter erkannt und verstanden werden". Der Theologe, der sich so klar dem Zweiten Vatikanischen Konzil verpflichtet weiß, drückt hier sein Grundanliegen einer „fides quaerens intellectum" aus, wobei sich die Verstehensanstrengung auf „Glauben in Welt" bezieht. An einer anderen Stelle charakterisiert Raberger „das eigentliche Problem der theologischen Verantwortlichkeit" mit folgenden Worten: „es geht um die Wahrnehmung und die kritische Überprüfung jener kultur- und gesellschaftsspezifischen Leitbilder sowie jener lebensweltlichen Interessen, die uns bestimmen und weitgehend dirigieren, sodass wir uns mit bestimmten Vorgaben identifizieren, unsere Interpretationen und Problemlösungen von herrschenden Paradigmen und Weltbildern leiten lassen" (442). Theologie ist „Welt(bild)kritik". Theologie bemüht sich um die Einlösung der Einsicht, „dass Glaubensaussagen an den geschichtlichen Ort einer jeweiligen Daseinsdeutung gebunden sind", was dazu führt, „ohne Angst um einen Identitätsverlust des *eigentlich Gemeinten* den Gestaltwandel von Ausdrucksformen sowie die Diskontinuität von Verstehensmustern reflektieren zu können" (493).

Rabergers Denkstil

Walter Raberger hat keine großen Thesen und kein systematisches Programm präsentiert. Sowohl der Ausgangspunkt als auch der Abschluss eines jeden Traktats hätten (und das auf viele plausible Weisen) anders ausfallen können. Rabergers Beitrag zur Dogmatik ist nicht ein geschlossenes Programm, sondern, wenn man so will, ein „offenes Gefüge von Sätzen", das zu weiteren Reflexionsanstrengungen einlädt. Hier findet das statt, was ich „großes Denken in Nebensätzen" nennen möchte. Das ist kein Ausdruck mangelnder intellektueller Durchdringungskraft, sondern vielmehr Zeugnis für intellektuelle Demut, die gerade dadurch zur Originalität durchbricht, indem sie sich der weit verbreiteten Obsession mit expliziten Originalitätsansprüchen verweigert.

Die Nebensätze, in denen sich Rabergers großes Denken zeigt, sind teilweise versteckt. Ich gebe einige Beispiele aus dem mariologischen Traktat, die in aller Dichte tiefe Thesen formulieren: „frömmigkeitsorientierte Überlieferungen können nicht auf der gleichen Ebene problematisiert werden wie jene Reflexionsprozesse, welche die christologischen wie auch soteriologischen Klärungsversuche im Kontext einer mariologischen Bildwelt zur Sprache bringen" (395); „In dem, wo Maria metaphorisch als Mutter der Gläubigen identifiziert wird, ist sie selbst Glied der Gemeinde durch Solidarität im Glaubensvollzug, in der Weise des Glaubensvollzugs wird sie zum Zeichen der Unvertretbarkeit des *Lebens-von-Gott-her*. So ist sie Symbol der Selbstgegebenheit und des Geschenktseins zugleich. Mariologie fungiert demnach als ‚Typologie'" (400); „dass die historisch-biografisch sparsamen Daten über Maria letztlich ein immenses Ausmaß theologischer Schlüsse freigesetzt haben, könnte demnach damit erklärt werden, dass mit der Mutter Jesu – an einem konkreten personalen Leben – ein exemplarisches Betroffensein des Menschen im Entdecken seines Existenz-Sinnes buchstabiert werden kann, aufgerufen in den Erfahrungen des Weltbezugs, in den Fragen der Identitätsfindung, in der Wahrnehmung der Verwiesenheit auf ein radikal Anderes seiner selbst, in der Konfrontation mit Schuld und Leiden" (407).

Nebensätze, die mitunter bloße Kommentare zu anderen Texten scheinen, drücken eine dogmatische Linie aus. Eine solche Linie wird auch im Eingangssatz des Traktats über Hölle und Fegefeuer deutlich, wenn Raberger in einem Nebensatz bemerkt, „dass die diffizilen und zweifellos auch oftmals abstrusen Spekulationen über die Hölle-Wirklichkeit nicht um ihrer selbst willen produziert wurden, sondern um die Frage nach Selbstbestimmung, Freiheit, Verantwortlichkeit und deren geschöpflichem Bedingtsein problematisieren und beantworten zu können" (465). Hier gilt es, als Leserin und Leser, aufmerksam zu sein und die sorgsam formulierten, geschliffenen Sätze, die gleichsam Brennpunkte des dogmatischen Zugangs sind, ihrem Gewicht gemäß entsprechend zu würdigen.

Diejenigen, die Walter Raberger kennen, werden in diesem Buch einen vertrauten Denkstil finden; diejenige, die Rabergers Denken kennenlernen wollen, kann dieses Werk als gelungene Einführung dienen. Die Traktate erlauben es geradezu, Walter Raberger beim Denken zu beobachten – etwa in der Gnadenlehre: er beginnt mit einem linguistischen Zugang, indem das semantische Feld des Begriffs der Gnade erschlossen wird, wählt dann einen relevanten lehramtlichen Text, den er mit Neuscholastik und dem Denken des Thomas von Aquin ins Gespräch bringt, um dann mit einem gewichtigen, summarischen „Nebensatz" ein Zwischenergebnis festzuhalten: „Es hat der nachfolgenden theologischen Reflexion nicht gut getan, dieses ‚quiddam supernaturale' so abzuhandeln, als hätte man es mit einem analysierbaren Gegenstand zu tun" (315).

Wollte man Rabergers besonderen dogmatischen Stil in vier Punkten herausarbeiten, könnte man die folgenden vier Eckpfeiler anführen: (1) bewohntes Zitat, (2) multiprovenienzielle Hermeneutik, (3) produktive Intertextualität, (4) integre Kontratextualität.

(1) Die Unterscheidung zwischen „bewohnt" und „unbewohnt" ist durch Aleida Assmann aus der Gedächtnisforschung bekannt; „bewohntes Gedächtnis" bezieht sich auf Erinnerungsinhalte, die emotional gefärbt sind und über die gesprochen wird. Sie sind Teil der Lebenswelt und prägen Gespräche; im Gegensatz dazu bezeichnet „unbewohntes Gedächtnis" Erinnerungsinhalte, die ihre Wirkkraft verloren haben und lediglich in Archiven existieren. Analog kann man das unbewohnte Zitat, das als leere Hülse, als unbearbeitete Baustelle, als erratischer Block in der textuellen Landschaft steht, von einem bewohnten Zitat, das souverän von der Autorin und dem Autor in Besitz genommen wird, unterscheiden. Die Arbeit, die Raberger an Zitaten leistet, ist beeindruckend und enorm; seien es Zitate aus einem lehramtlichen Text aus dem sechsten Jahrhundert (etwa pp. 457–458), seien es Zitate aus der Theologie des Mittelalters (etwa 462), seien es Texte aus dem 20. Jahrhundert (etwa 42). Raberger hat sich das Zitat angeeignet und kann es damit souverän dem eigenen Duktus unterordnen und in den Denkgang einfügen.

(2) Der Begriff einer „multiprovenienziellen Hermeneutik" soll auf die Vielfalt der Traditionen und Quellen aufmerksam machen, aus denen Raberger schöpft. Dabei werden Denkschulen und Denkweisen, die selten miteinander ins Gespräch treten, in einen fruchtbaren Dialog gebracht. Thomas von Aquin und Odo Marquardt, Jürgen Habermas und Konzilstexte, Karl Rahner und Hermann Lübbe werden zu einem dialogisch durchwirkten Ganzen zusammengebracht. Patristik, Scholastik, Aufklärung und Frankfurter Schule sprechen zueinander und als Chor über ein dogmatisches Thema.

(3) Produktive Intertextualität steht für die Dynamik, verschiedene Textsorten, verschiedene Disziplinen wie auch verschiedene Autorinnen und Autoren zueinander und miteinander sprechen zu lassen. Paul Ricoeur wird zum Gesprächspartner in der Erbsündenfrage, Hegel zum Dialogpartner in der Abhandlung über die Reformation. Es ist faszinierend, wie klassische dogmatische und lehramtliche Texte mit Fragmenten aus der modernen Religionsphilosophie und Sprachphilosophie zusammengespannt werden. Es ist produktiv, wie geschichtsphilosophische Beiträge (Assmann, Droyen, Rüsen) in der Christologie zu Wort kommen. Es bestätigt sich die Einsicht, dass „Neues" dadurch entsteht, dass ungewohnte Allianzen eingegangen werden.

(4) Das Stichwort einer integren Kontratextualität soll zum Ausdruck bringen, dass Raberger eine „kritische Dogmatik" in einem zweifachen Sinn vorliegt – kritisch gegenüber „Welt", aber auch kritisch gegenüber sich selbst und der eigenen Tradition. In intellektueller Redlichkeit werden kritische Texte aus der Aufklärung (etwa im Kontext der Theodizeefrage), aus der Sprachphilosophie (etwa im Kontext der Schöpfungstheologie) oder aus der Frankfurter Schule herangezogen.

„Eine Sehnsucht nach dem, was fehlt"

Wenn ich mit einem Hinweis auf etwas, das auffallenderweise fehlt, schließe, soll das nicht als Kritik im Sinne des Sprachspiels, „es wäre besser gewesen, wäre dies noch eingebracht worden", verstanden werden. „Peer review" als „Goldstandard" moderner Wissenschaft kann eine intellektuelle Monokultur vorantreiben und den je persönlichen Stil von Denkerinnen und Denkern zu einer Engführung zwingen. Dazu kommt, dass in einem Kommentar eines Schülers über den Lehrer das Wort „peer review" an semantische Grenzen stößt.

Beim Lesen des Buches bekommt die Leserin und der Leser Lust am Weiterdenken, gerade aufgrund einer Sehnsucht nach dem, was man vermissen könnte: Man könnte Stimmen aus dem globalen Süden vermissen, handfeste Beispiele aus konkreten Lebenswelten der Menschen, eine spirituell-existenzielle Rückbindung an eine „kniende Theologie". Mit diesen Elementen könnte an einer kritischen Dogmatik, wie sie Walter Raberger in beeindruckender Weise „im Fragment" vorgelegt hat, weitergebaut werden – um an der Hoffnung zu arbeiten, dass *„der Mensch einer endgültigen, liebenden Würdigung seines Daseins entgegengehen"* wird (323).

South Bend/IN   *Clemens Sedmak*

Besprechungen

Der Eingang der Rezensionen kann nicht gesondert bestätigt werden. Die Korrekturen werden von der Redaktion besorgt. Bei Überschreitung des Umfanges ist mit Kürzungen zu rechnen. Nach Erscheinen der Besprechungen erhalten die Rezensenten einen, die Verlage zwei Belege.

AKTUELLE FRAGEN

◆ **Heimbach-Steins, Marianne / Könemann, Judith (Hg.): Religiöse Identitäten in einer globalisierten Welt** (Münsterische Beiträge zur Theologie. Neue Folge 2). Aschendorff Verlag, Münster 2019. (245) Kart. Euro 38,00 (D) / Euro 39,10 / CHF 54,90. ISBN 978-3-402-12312-6.

Vorgelegt wird ein Sammelband der Internationalen Theologischen Studientage der Theologisch-Katholischen-Fakultät der Universität Münster vom Juni 2016. Worum es in der Dokumentation dieser Studientagung geht, wird bereits zu Beginn erläutert: „Im Mittelpunkt des vorliegenden Bandes steht die Frage, wie Religionsgemeinschaften unter den gegenwärtigen Bedingungen von Migration und Globalisierung ihre Identität gestalten. […] Dabei kann kaum noch von *der* religiösen Identität gesprochen werden, da ja bereits immer unterschiedliche, vielfältige religiöse Identitäten existieren – nebeneinander, miteinander, gegeneinander und in vielfältigen Verflechtungen." (9) Somit wird deutlich gemacht, dass der Begriff der „Identität" nicht ontologisch gewonnen werden kann, sondern vielmehr als Beziehungsbegriff zu verstehen sei. „Aus der Mitte des Glaubens ergebe sich die Forderung, die Beziehungen zu Andersglaubenden im Geist offener Kommunikation zu gestalten, ohne dabei das Bekenntnis zu Christus zu suspendieren." (14) Auch der Soziologe Niklas Luhmann hat dafür plädiert, personale Identität als Beziehungsbegriff zu verstehen. Aus dieser Einsicht ergibt sich für das Miteinander religiöser Überzeugungen ein höchst komplexer Tatbestand. So ist zu fragen: „Wie vermittelnd oder wie abgrenzend werden Geltungsansprüche unterschiedlicher Reichweite und Intensität in Lernprozessen und im alltagspraktischen Handeln kommuniziert? Welche Gemeinsamkeiten, welche Unterschiede treten – gegebenenfalls auch konfliktiv – zu

Tage? Und wie sind (inter-)kulturelle und (inter-)religiöse Lernprozesse so zu gestalten, dass sie einen Beitrag zu Toleranz und gelingendem Miteinander leisten?" (11) Im Hinblick auf die komplexe Struktur religiöser Überzeugungen und ihrer gesellschaftlichen Erscheinungsformen kann gelten: „Pluralität, Differenz, Ambiguität und Diffusion sind hier nicht *Gegenbegriffe* zu Identität, sondern werden zu *Bestandteilen* der Identitätsdefinition." (91) Mit ausdrücklichem Bezug auf den Bielefelder Theologen und Religionssoziologen Heinrich Wilhelm Schäfer wird Identität als ein „Netzwerk von Dispositionen" beschrieben. (91) Entgegen den Erwartungen der Säkularisierungstheoretiker des vergangenen Jahrhunderts ist Religion in der modernen Gesellschaft nicht verschwunden, sondern vielgestaltiger geworden. Sie bedarf vor allem der individuellen Aneignung. Sie wird in ihrer persönlichen Ausprägung – gerade auch in der Form einer Patchwork-Religion – zum Unterscheidungsmerkmal schlechthin. Virulent bleibt das jahrhundertealte Spannungsfeld von Glauben und Wissen. Volker Gebhard beschreibt in seinem Beitrag (41–52) den Glauben als Gewissheit schaffend dort, „wo das Wissen von dem, was *ist*, keinen zureichenden Anlass bietet. Der Glaube überbrückt den Abgrund, der sich auftut, sobald wir uns nicht auf gesicherte Tatsachen stützen und dennoch nicht einfach stehen bleiben oder umkehren können." (46) Die einzelnen auf verschiedene Gesellschaften fokussierten Perspektiven haben exemplarischen Charakter. Dankbar darf die sehr differenzierte Darstellung „Religiöse Identität und Gender aus polnischer Perspektive" (141–153) begrüßt werden. Einen äußerst instruktiven Beitrag zur Situation Lateinamerikas steuert Joaquín Silva bei. (187–204) Leider wurde er – wohl aus Versehen – im Autor*innenverzeichnis (245) nicht angeführt. Insgesamt hätte man sich zu dem hochaktuellen Thema ein noch stringenter durchgezogenes Gesamtkonzept gewünscht. Doch ohne Frage sind die meisten Beiträge auf einem sehr hohen Niveau und sehr inspirierend. Wie ein Leitmotiv der inhaltlichen Stoßrichtung des gesamten Bandes kann die abschließende Feststellung von Felix Wilfred gelesen werden: „The difference the other constitutes is not adequately responded to by a mere aesthetic pluralism that endorses diversity, but a cosmopolitanism that is sustained by the spirit of universal solidarity." (65) Genau um diesen vom Geist der universellen Solidarität getragenen Kosmopolitismus geht es. Ihn zu fördern bedarf es aller Anstrengungen.

Bamberg/Linz   Hanjo Sauer

ETHIK

◆ Fuchs, Michael / Gottschlich, Max (Hg.): Ansätze der Bioethik. Karl Alber Verlag, Freiburg i. Br. 2019. (336) Geb. Euro 39,00 (D) / Euro 40,10 (A) / CHF 51,50. ISBN 978-3-495-48883-6.

Nicht zuletzt durch den Fortschritt von Medizin und Biotechnologie haben sich die Grenzen dessen, was noch vor ein paar Jahren als nicht machbar galt, verschoben. Was ist moralisch verantwortbar, und wie weit reicht überhaupt unsere Verantwortung? Haben wir das Recht zu klonen und in die menschliche Keimbahn einzugreifen? Ist assistierte Suizidbeihilfe geboten? Wie lässt sich Tierschutz ethisch begründen und was könnte aus philosophischer Perspektive gegen gentechnologisch veränderte Pflanzen sprechen? Solche und ähnliche Fragen spielen in Wissenschaft und Gesellschaft eine immer größere Rolle.

Die Disziplin, die sich all dieser Fragen annimmt und sich vor der Hintergrundfolie der Herausforderungen durch die modernen Lebenswissenschaften um eine Reflexion des Lebendigen bemüht, ist die „Bioethik". Seit den 1970er-Jahren konnte sie sich als akademische Disziplin etablieren. Gleichzeitig bestimmt die Bioethik auch ein Feld des gesellschaftspolitischen Diskurses, wo anerkannte normative Grenzen in Frage gestellt, und neue Grenzziehungen zur Disposition gestellt werden – wobei sie hier immer auch in der Gefahr steht, für lobbyistische Bemühungen und biopolitische Interessen in den Dienst genommen zu werden.

Der Band *Ansätze der Bioethik* von Michael Fuchs und Max Gottschlich versammelt eine repräsentative Zusammenstellung philosophischer Argumente und Positionen, die in gegenwärtigen Bioethik-Debatten anzutreffen sind. Fuchs ist Professor für Praktische Philosophie/Ethik an der Katholischen Privat-Universität Linz. Zuvor war er u. a. Geschäftsführer des Instituts für Wissenschaft und Ethik in Bonn. Gottschlich ist Assistenz-Professor am Institut für Praktische Philosophie/Ethik ebenfalls an der KU Linz. Dem Band ist eine luzide, systematische Einführung von Fuchs vorangestellt (11–30). Die Übersetzungen der englischsprachigen Beiträge hat Gottschlich besorgt.

Die hier versammelten Beiträge stammen von Tom L. Beauchamp und James F. Childress (*Prinzipialismus*, 31–74), Bernard Gert, Charles M. Culver und K. Danner Clouser (*Common Morality*, 75–119), Edmund D. Pellegrino (*Ärztliche Tugendethik*, 120–143), Albert R. Jonsen (*Kasuistik*, 144–160), Thomas Sören Hoffmann (*Integrative Bioethik*, 161–191), Ludwig Siep (*Wertethik*, 192–230), Bruce Jennings (*Kommunitarismus*, 231–255), Hille Haker (*Feministische Bioethik*, 256–272), Joan C. Tronto (*Care-Ethik*, 273–296) und Dieter Birnbacher (*Utilitarismus*, 297–321).

Insofern im Sammelband von Fuchs und Gottschlich konkurrierende bioethische Ansätze selbst zu Wort kommen, füllt der Band eine Lücke in der deutschsprachigen Publikationslandschaft. Ein breites Spektrum an methodischen und theoretischen Voraussetzungen wird durch die einzelnen Beiträge greifbar. Die Argumentationsschärfe und das Reflexionsniveau sind dabei erwartungsgemäß unterschiedlich. Die Auswahl der Beiträge ist gut gelungen. Bedauern darf man allerdings, dass es keinen Beitrag gibt, der für die deontologische Kants spricht und versucht, die Argumente des Königsbergers und die von ihm in besonderer Weise geprägten Begriffe (Menschenwürde, Autonomie, Urteilskraft) für gegenwärtige Debatten fruchtbar zu machen (wie dies z. B. folgende Beiträge tun: Baumanns, P.: *Kant und die Bioethik*, Würzburg 2004; Schweidler, W.: Kants Begründung der Unteilbarkeit der Menschenwürde, in: Schmidt, K. / Steigleder, K. / Mojsisch, B. (Hg.): *Zur Aktualität Kants*, Amsterdam–Philadelphia 2005, 200–219). Und freilich hätte auch ein Beitrag aus dem Bereich der *Diskursethik* das Bild abgerundet, hat sich doch Habermas bei weitem nicht nur mit seiner Schrift *Die Zukunft der menschlichen Natur. Auf dem Weg zu einer liberalen Eugenik?, Frankfurt a. M. 2001* in aktuelle bioethische Debatten eingebracht. Einzig der Beitrag von Thomas S. Hoffmann zur *Integrativen Bioethik* ist ein Original-Beitrag. Die anderen Texte wurden bereits an anderen Stellen publiziert. Sinnvoll wäre es gewesen, die Zitationsweise der einzelnen Beiträge anzugleichen. Dem Band ist ein Personenregister beigegeben, welches das Nachschlagen erleichtert.

Erfreulich ist, dass einschlägige Primärtexte zur Bioethik – wobei es sicherlich nicht übertrieben ist, z. B. den Text von Beauchamp und Childress als „modernen Klassiker" zu bezeichnen – gesammelt an einem Ort in deutscher Sprache vorliegen. Die Zusammenschau von Fuchs und Gottschlich eignet sich für die akademische Lehre der in besonderer Weise mit bioethischen Fragen konfrontierten Fächer (Philosophie/Ethik, Theologie, Medizin, Rechtswissenschaften). Der Band kann für den Leser eine gute Hilfe sein, sich mit maßgeblichen bioethischen Ansätzen auseinanderzusetzen, die vorgebrachten Argumente einzuordnen und schließlich Kriterien zu prüfen, welches Handeln moralisch verantwortbar ist.

Hagen   Marcus Knaup

◆ Schaupp, Walter / Zahner, Paul (Hg.): Medizin und Menschenbild. Unter Mitarbeit von Johann Platzer (Theologie im kulturellen Dialog 36). Tyrolia Verlag, Innsbruck–Wien 2019. (248) Klappbrosch. Euro 25,00 (D, A) / CHF 25,49. ISBN 978-3-7022-3769-1.

Der Mensch im Mittelpunkt – nicht selten wird dieses Schlagwort auch im medizinischen Kontext lanciert. Dürfen und sollen an Einrichtungen mit diesem Leitbild andere Ansprüche gelten? Diesen Fragen spürt der Sammelband, herausgegeben von Walter Schaupp und Paul Zahner OFM, in insgesamt elf Beiträgen nach. In seiner Grundkonzeption basiert er auf einem interdisziplinären Symposium in Graz, das vom Institut für Moraltheologie der Katholisch-Theologischen Fakultät Graz und der Franziskanerprovinz Austria in Österreich und Südtirol im September 2017 zum Thema „Blickpunkt: Mensch-Medizin-Begegnung" durchgeführt wurde.

Beiträge aus Medizin, Technik, Theologie usw. treffen zusammen. Auch die Textgattungen der jeweiligen Beiträge sind sehr divers: von empirischen Studien bis hin zu Vorträgen. Auch wurden in vielen Beiträgen Fotos, Graphiken, eigene Abbildungen zur Illustration eingesetzt. Zudem sind an zwei Stellen im Buch thematisch einschlägige (Thema Menschen-Bilder) Kunst-Fotografien der Psychiatrieseelsorgerin und Künstlerin Sabine Zgraggen abgebildet. Diese spannenden Bilder hätten zudem mit Text versehen werden können.

Den Startschuss macht der emeritierte Universitätsprofessor für Biopsychosoziale Medizin (Graz), Josef W. Egger, mit seinem Beitrag „Auf der Suche nach der Ganzheit. Das aktuelle biopsychosoziale Modell der Humanmedizin und die Materie-Geist-Debatte" (17–39). Darin zeigt er das Fundament für ein biopsychosoziales Modell als Grundlage der Humanmedizin auf und weist auf eventuelle Fallstricke im Verständnis hin. Dass mit diesem Ansatz das Phänomen Schmerz mehrdimensional verstanden werden kann, erläutert Michael K. Herbert, Universitätsprofessor für Anästhesiologie und Intensivmedizin (Graz) („Der Mensch im Schmerz. Ein Beispiel komplexer biopsychosozialer Zusammenhänge" [41–51]). Eine multimodale Schmerztherapie sei Ausfluss eines biopsychosozialen Modells des Menschen.

Diese Thematik auch auf die zwei Richtungen ‚Schulmedizin' und komplementäre Medizin erweitert der vielseitig ausgebildete Mediziner Wolfgang Hofmeister in seinem Artikel „Komplementäre Medizin und ihr Bewusstsein für facettenreiche individuelle Menschenbilder" (53–71). Mit Hilfe von Skizzen von Mensch- und Weltbildern macht er die Unterschiedlichkeit verschiedener Ansätze gewinnbringend anschaulich. Beim komplementärmedizinischen Ansatz ist Krankheit wie Gesundheit ein vernetztes, von Arzt und Patient subjektiv erstelltes Konstrukt. Der Komplementärmedizin schreibt Hofmeister ein offenes Menschenbild zu, in dem es weniger um das Warum, vielmehr um das Wie gehe.

In den theologischen Bereich geht es mit dem Grazer Moraltheologen Walter Schaupp, der die „Spiritualität im Menschenbild der Medizin" (79–107) untersucht. Ausgehend von Egger legt er dar, wie Spiritualität im Menschenbild der Medizin verortet und in den Zusammenhang zu Spiritual Care gebracht werden kann. Schaupp beschreibt das nun biopsychosozial-*spirituelle* Modell als noch nicht ganz eingelöstes Forschungsdesiderat für die deutsche Medizinlandschaft. Spiritualität ist hierbei nach ihm durch eine gewisse Weite charakterisiert, der den Menschen in seiner existenziellen Sinnsuche begleitet, was sowohl ein klares oder explizites Verständnis von einer Transzendenz, aber auch die Bindung an eine konkrete Religion umfasst.

Der Moraltheologe Johann Platzer präsentiert erste Ergebnisse einer Studie zum Thema „Sinnfindung, Spiritualität und Menschenbilder am Lebensende. Empirische Studie über Erfahrungen aus der ehrenamtlichen Hospizbegleitung" (109–142). Hierfür hat er zwölf Hospizbegleiter*innen interviewt. Leitend ist hierbei die Annahme, dass Menschenbilder nicht nur deskriptiven, sondern auch normativen Charakter besitzen können. Potenziale Sinnquellen wie auch spirituelle Faktoren auf allen beteiligten Seiten sind dabei vorhanden. „Auf diese Weise können Menschenbilder eine *heuristische* Funktion einnehmen, indem sie faktisch wirksame Annahmen über Menschen am Lebensende explizit machen und für weiterführende ethische Diskurse öffnen." (118) Der ‚Mensch ohne Maske' wird beschrieben, Typen von Spiritualität eruiert und die dichte Verwobenheit von Lebenssinn und Menschenbild aufgezeigt. Vor allem die Originalzitate aus der Forschungsarbeit sind aufschlussreich.

Sehr ausführlich und instruktiv, aber einem gänzlich anderen Thema gewidmet, ist der Beitrag von Ina Wagner (Universitätsprofessorin für Multidisziplinäres System Design und Computerunterstütztes kooperatives Arbeiten am Institut für Gestaltungs- und Wirkungsforschung, TU Wien) zur „Robotik als Herausforderung für Menschenbild und Ethik" (143–165), in dem sie die sogenannten sozialen Roboter anhand zweier Beispiele bespricht und das Menschenbild, das bereits für Entwicklung wie auch Anwendung dieser Roboter ausschlaggebend ist, charakterisiert. Dieser Artikel ist als ein Ausziehen ethischer Grenzlinien in diesem Diskursfeld aufschlussreich.

Deutlicher den Zusammenhang zum Menschenbild geschafft hat Wolfgang L. Zagler (ao. Universitätsprofessor i.R. am Institut für Gestaltungs- und Wirkungsforschung, TU Wien), der noch grundlegender das Verhältnis zwischen Mensch und Technik in den Blick genommen hat (167–185) und dies in Bezug auf Assistenz- und Kommunikationstechnologien. „Je näher Technik an einen Menschen in seiner Verletzlichkeit heranrückt, desto größer ist das Gefährdungspotenzial für die physische (biologische) Gesundheit, für die psychische Balance, für das soziale Wohlergehen sowie für die Würde des Menschen […]" (169 f.) resümiert der Autor. Diese Gratwanderung zwischen Hilfe und Entmündigung soll immer auf die Handlungsgrundsätze wie aktive Partizipation ausgerichtet sein. Die Wichtigkeit der ‚Usability', der Gebrauchstauglichkeit, wird vom Verfasser unterstrichen. Dabei macht der Verfasser einen

‚befremdlichen' Ausflug ins Jahr 1530, in dem auch Martin Luther die Usability nach vorne gebracht hätte, nämlich jene der Bibel.

Der Moraltheologe und Mediziner Matthias Beck rundet das Bild ab zu größeren philosophischen wie theologischen Diskursen in „Naturwissenschaftliches Menschenbild und Ganzheitlichkeit aus philosophisch-theologischer Sicht" (193–207). Speziell der franziskanischen Anthropologie ist der nachfolgende Artikel von Johannes B. Freyer OFM gewidmet und hier speziell Lobpreis und Krankheit (209–230). Der vordergründige Widerspruch beider Themen wird franziskanisch aufgelöst, vor allem mit Zitaten aus der bullierten und nicht-bullierten Regel des Franz von Assisi, als lebensweltliche Verankerung bei ihm und verschiedenen Spezifika einer franziskanischen Spiritualität, die sehr additiv gehalten sind. Freyer analysiert den Begriff der Infirmitas, die grundlegende menschliche Schwachheit und Bedürftigkeit, die in franziskanischer Sicht nichts Negatives sei.

Der letzte Artikel spielt programmatisch mit dem Ende. Sind franziskanische Ordenskrankenhäuser am Ende oder an der Wende? Als im Wandel begriffen werden sie von Sr. Edith-Maria Magar OSF dargestellt (231–242). Wenn aufgrund von Nachwuchsmangel und Überalterung die Ordensträgerschaft nicht weiter gewährleistet werden kann, müssten auch Laien an der Sorge um Menschen im franziskanischen Geist beteiligt werden, um einer Verflüchtigung der Werte entgegenzuwirken. Für die Autorin bedeutet das eine noch deutlichere Betonung des franziskanischen Menschenbildes. Am Schluss jedes Artikels findet sich ein ausführliches Literaturverzeichnis.

Ein Reigen von unterschiedlichen Menschenbildern, die in ihren verkrusteten Strukturen aufgebrochen werden, verspricht der Sammelband zu Beginn und hält dieses Versprechen auch ein. Der Ablauf der dem Sammelband zugrundeliegenden Tagung hätte auch abgedruckt werden sollen, da teilweise auf einzelne Sessions verwiesen wird, die man jedoch als Leserin nicht nachvollziehen kann. Unter dem Titel „Medizin und Menschenbild" hätte ich nicht soziale Robotik oder franziskanische Anthropologie oder die mulieres probatae erwartet, das aufgespannte Tableau erweist sich als überaus facettenreich und spannend.

Augsburg *Kerstin Schlögl-Flierl*

FESTSCHRIFT

◆ Janßen, Hans-Gerd / Prinz, Julia D. E. / Rainer, Michael J. (Hg.): Theologie in gefährdeter Zeit. Stichworte von nahen und fernen Weggefährten für Johann Baptist Metz zum 90. Geburtstag (Religion – Geschichte – Gesellschaft 50). Lit Verlag, Berlin–Münster ²2019. (X, 580) Pb. Euro 39,90 (D) / Euro 41,10 / CHF 55,90. ISBN 978-3-643-14106-4.

Ein außerordentliches Konzept hebt diese Festschrift aus der Fülle vergleichbarer Unternehmungen heraus: Die Herausgeber baten alle 146 Beiträger*innen, sich jeweils nur auf drei Seiten zu beschränken. Sie verzichteten auf eine übergreifende Systematik und reihten die einzelnen Autor*innen einfach alphabetisch aneinander. Bemerkenswert ist zudem der Versuch, es nicht bei einem reinen Textband zu belassen, sondern eine Reihe von Fotos, meist abstrakter Art, mit aufzunehmen. Entstanden ist ein ungemein bunter Strauß von Reflexionen, Interpretationen, Erinnerungen, Gedichten, Liedern und Bildern. Insgesamt ein bemerkenswertes Dokument, das gleichzeitig für einen theologischen Paradigmenwechsel steht: Vergangen ist die Zeit der Theolog*innen, die mehr oder weniger direkt am Zweiten Vatikanischen Konzil und seiner unmittelbaren Wirkungsgeschichte mitgearbeitet haben, wie der Jubilar an der Gemeinsamen Synode der Bistümer in der Bundesrepublik Deutschland (1971–1975), für die er einen seiner markantesten Texte geschrieben hat, nämlich den grundlegenden Synodenbeschluss „Unsere Hoffnung. Ein Bekenntnis zum Glauben in dieser Zeit". Wie der vorliegende Band zeigt, wird die katholische Theologie pluraler und verzweigt sich weltweit in den unterschiedlichsten Kontexten. Theologisch wird in vielen Beiträgen an zentrale Stichworte der Theologie von Metz erinnert, die bereits auf dem Titelblatt zu finden sind: Weltverantwortung im Glauben, Compassion, Mystik der offenen Augen, Memoria passionis, Unterbrechung, Leidsensibilität, Befristete Zeit. Man hätte noch „Theologie nach Auschwitz" hinzufügen können, weil diese Signatur für das Denken von Metz zur Herausforderung schlechthin wurde. Hinter allen theologischen Stichworten verbergen sich beeindruckende theologische Komplexe, an denen sich die Generation der Schüler*innen abgearbeitet hat. So dankbar man für die Erinnerung an diese Großleistungen der Theologie im 20. Jahrhundert ist, die eigentliche Stärke des Bandes liegt darin, dass sie in sehr persönlichen Erinnerungen die Wirkungsgeschichte eines großen Theologen verdeutlicht und ihn als Menschen greifbar macht. Großartig die Schilderung seiner Teilnahme bei der Beerdigung von Dorothee Sölle (498), seine Wut über die Angriffe gegen die Befreiungstheologen (505: „Ja schämt ihr euch denn nicht …"), seine emotional vorgetragene Rekonstruktion des Ursprungs des christlichen Glaubens: „Haben wir denn ganz und gar vergessen, dass das Christentums einmal begonnen hat als eine Jugendrevolte innerhalb der damaligen jüdischen Welt?" (451) Auch wenn es Zufall sein mag, dass aufgrund ihres Namens Martha Zechmeister das Schlusswort hat, es hätte nicht besser treffen können. Denn, was sie schreibt, ist ein veritabler Liebesbrief, der es in sich hat und in der theologischen Landschaft so kaum zu finden ist. In der Fülle dieser Erinnerungen wird deutlich, wie unglaublich anregend die gezielte Frage, die Herausforderung oder auch der Widerspruch sein kann. Metz selbst bekannte sich zum „Lernen auch noch im Widerspruch". (427) Eigens müssen die bemerkenswerten Fotos von Julia D. E. Prinz hervorgehoben werden. Statt des Stichworts „unterbrechende Blickveränderung" (4) würde sich jedoch eher das Stichwort „Mystik der offenen Augen" anbieten, denn diese großartigen Fotos irritieren in keiner Weise. Sie sind einfach schön und laden zur Meditation ein. Unverständlich ist, dass in der zweiten Auflage die Fülle der Satz- und Tippfehler nicht beseitigt wurde (z. B. 104, 333, 346, 436, 450, 452, 571, 577). Fazit: Wer die Geschichte der Theologie im 20. Jahrhundert im Allgemeinen und das Werk von Johann Baptist Metz im Besonderen begreifen möchte, kommt an diesem aussagekräftigen Band nicht vorbei.

Bamberg/Linz   *Hanjo Sauer*

KUNSTWISSENSCHAFT

♦ Del Guercio, Andrea B. / Guanzini, Isabella / Ruckenbauer, Hans-Walter / Terracciano, Ida (Hg.): Kunst heilt Medizin. Interdisziplinäre Untersuchungen zu vulnerabler Körperlichkeit (Theologie im kulturellen Dialog 34). Tyrolia Verlag, Innsbruck–Wien 2019. (288; 30 farb u. s/w Abb.) Klappbrosch. Euro 29,00 (D, A) / CHF 37,90. ISBN 978-3-7022-3724-0.

Dieser 34. Band von *Theologie im kulturellen Kontext* versteht sich als ein lebendiges Gespräch zwischen Kunst, Theologie und Medizin, in welchem anthropologische, ästhetische und soziokulturelle Fragestellungen angesprochen werden. Das Projekt „Kunst heilt Medizin" vertieft den bioethischen Schwerpunkt an der Katholisch-Theologischen Fakultät der Universität Graz und zeigt mit der ungewöhnlichen Ausstellung *Kunst heilt Medizin. Zehn Werke*, die sich als roter Faden in den einzelnen Beiträgen wiederfindet, eine künstlerische Auseinandersetzung mit theologischer Kultur und Medizin. In Bildern, Installationen und Skulpturen kommen verschiedene Perspektiven zum Ausdruck, die sich mit Fragen über das Verhältnis von der als „Körper" verstandenen Materie und der erlösenden Geste der „Sorge" beschäftigen. Pierangelo Sequeri, Professor für Fundamentaltheologie, drückt in seinem einleitenden Beitrag „Die Kunst, die Medizin, die Theologie" (14–23) seine Hoffnung aus, dass die Medizin und die Kunst dadurch, dass sie sich in den verschiedenen Auseinandersetzungen in diesem Buch beggenen, menschlicher und zärtlicher zu unseren Körpern und Seelen werden. Den Prozess der Transformation der Bibliothek in eine Kunstgalerie an der Theologischen Fakultät in Graz beschreibt Andrea B. Del Guercio als einer der vier HerausgeberInnen in seinem Beitrag „Bibliothek als Pinakothek" (24–37). Diese Ausstellung als Ergebnis der Reflexion mit dem Thema „Gesundheit" begründen den „theoretischen" Raum der Fakultät als visuelles Kaleidoskop neu. Ida Terracciano gibt in ihrer Retrospektive zur Ausstellung (38–48) einen Überblick über die verschiedenen Bedeutungsbereiche der einzelnen Werke, die in einem eigenen Bildteil im Buch abgebildet sind und mit umfassenden Bildlegenden beschrieben werden. Der Ausstellungspfad beinhaltet 32 Arbeiten von 19 KünstlerInnen und beginnt in diesem Buch mit dem Siebdruck „Schmerzensantlitz" von Hermann Nitsch. Auf dieses Bild, das einen frontal ausgerichteten Kopf skizziert, geht auch die Philosophin Julia Meer in ihrem Beitrag „Der vulnerable Leibkörper und der Wirbel der Zeit" (92–115) zum Menschenbild im Kontext von Philosophie, Kunst und Medizin näher ein. Ganz deutlich wird für sie durch diese Arbeit, dass die Kunst selbst in der Lage ist, ein alternatives Menschenbild hervorzubringen, so wie

Nitsch auch das Bild des Leibkörpers in seinen künstlerischen Prozessen immer wieder betont. Auch Pamela Hauer blickt in ihrem Text „Leben als Fest, Leben als Leid" (116–135) auf das Schaffen von Hermann Nitsch. In ihrem Beitrag „Wahrheit und Kunst" (49–61) fokussiert sich die Theologin, Philosophin und Herausgeberin Isabella Guanzani auf das Kunstwerk „Cura" (Sorge, 1998) von Vittorio Corsini und erläutert ihren theoretischen Zugang zu diesem Werk mit den ästhetischen Perspektiven des französischen Philosophen Alain Badiou, um die ereignishafte Wahrheit dieses Werkes aufzuzeigen. Die Theologin Isabella Bruckner beschäftigt sich in ihrem Beitrag „Geschenkte Gegenwart in zärtlichen Gesten" (62–79) mit den historischen Analysen der Frauenforscherin und Wahrnehmungshistorikerin Barbara Duden und des Historikers Ivan Illich, wie der Mensch sich selbst und sein Gegenüber in seiner Körperlichkeit wahrnimmt und zieht dazu das Kunstwerk „Polittico-Bambino" von Letizia Cariello (2015) in Betracht. Die Brailleschrift sowie Texte von Friedrich Hölderlin zur Technisierung sind zentrale Komponenten in der Auseinandersetzung zur „Ästhetik der Sphäre und der offenen Wendungen" (136–157) des Theologen Jakob Helmut Deibl. Inspiriert dazu hat ihn die Arbeit „Ginkgo" (2017) von Massimo Kaufmann, in der er sich mit der Blindheit beschäftigt. Welches Potenzial Kunst als Ausdrucksform beim Kranksein zukommt, ist das Thema von Lisa Achathaler in ihrem Beitrag „Rekonvaleszenz. Kunst. Blickwechsel" (158–177). Dafür setzt sie sich mit der Bildreihe des Künstlers Rinaldo Invernizzi mit dem Titel „Rehabilitation" (2017) auseinander, in der er die Hoffnung in den Fokus stellt. Aus der Korrespondenz der beiden Arbeiten „Erinnerungen" (2015) und „Wiedererleben" (2017) des Bildhauers und Fotografen Ulrich Egger entsteht in der Ausstellung ein Gedächtnisraum, der den Theologen Hans-Walter Ruckenbauer zu seinem Beitrag „Das eigene Vergessen an den Pflug spannen" (178–194) inspiriert hat. Präzise beschreibt der Mitherausgeber die Installationsanordnung dieser Arbeit, die für ihn eine gestaltete Erinnerungskultur repräsentiert und hilfreich für seine Auseinandersetzung mit Demenz erscheint. In ihrem Text „Wo sind die Körper" (195–208) stellt sich Daniela Feichtinger nach einem Ausstellungsbesuch diese Frage und entwickelt daraus eine philosophische Auseinandersetzung mit der dekonstruktivistischen und phänomenologischen Philosophie von Jean-Luc Nancy, für den der Körper zentral für sein Denken ist. Für Josef W. Egger ist Kunst als Unterstützung im Heilungsprozess hilfreich, auch wenn Kunst nicht heilen kann, wie er gleich zu Beginn seines Beitrags „Kann ‚Kunst' tatsächlich heilen?" (209–216) feststellt. Denn die durch ein Kunstwerk im weitesten Sinne ausgelösten Emotionen gehören in dieses heilende Wirkungsspektrum, was Egger beim Besuch der Ausstellung in Graz dazu angeregt hat, wieder einmal über die psycho-physiologische Wirkung von künstlerischen Werken zu reflektieren. Auch Peter Ebenbauer beschäftigt sich in seinem Text „Göttliche Heilmittel?" (217–238) mit der heilenden Wirkung im Umgang mit Kunst anhand von drei konkreten Kunstwerken aus der Ausstellung. Der letzte Beitrag „Eine nicht-kränkende Vision des Menschlichen" (239–259) von David Novakovits behandelt die Frage, welche „heilsamen" anthropologischen Perspektiven zwei von ihm ausgewählte Kunstwerke aus der Ausstellung zu eröffnen vermögen. Durch diese sehr unterschiedlichen Beiträge treffen verschiedene Zugänge der Kunst, Medizin, Anthropologie, Ethik und Theologie aufeinander und machen die vulnerable Körperlichkeit des Menschen sichtbar.

Linz *Maria Reitter*

SPIRITUALITÄT

◆ Schweizer, Gerhard: Pilgerorte der Weltreligionen. Auf Entdeckungsreise zwischen Tradition und Moderne (topos premium 34). Verlagsgemeinschaft topos plus, Kevelaer 2018. (304) Klappbrosch. Euro 20,00 (D) / Euro 20,60 (A) / CHF 20,39. ISBN 978-3-8367-0034-4.

Das Pilgerwesen, meist mittelalterlich konnotiert, nimmt gegen Ende des 20. Jahrhunderts weltweit einen starken Aufschwung. Zur Motivation wird im Vorwort gesagt: „Leben als Wanderung, als Pilgerschaft! Das scheint adäquater Ausdruck einer Gesellschaft wie der unsrigen geworden zu sein, die von Mobilität lebt, aber der oft ziellosen und betriebsamen Mobilität eine Seele geben will." (9) Es ist eine gewaltige Zahl der Pilger, die weltweit unterwegs ist. Wer macht sich in Europa schon das Ausmaß des hinduistischen Kumbh Mela Festes deutlich, das alle zwölf Jahre stattfindet, und zu dem in Allahabad 60–70 Millionen Menschen zusammenkommen? Im Vorwort wird dem Verfasser testiert, dass er „etwas Eigenes: eine ungewöhnliche Mischung aus Erfahrungsberichten und religionsgeschichtlichen Fakten, aus Pilgerreport und Sachinformationen, aus Erzählungen und ‚historisch-kritischen' Analysen" (10 f.) bietet. Doch gerade dieser Mix ist es, der nicht immer zu überzeugen vermag. Am stärksten sind die Texte des Verfassers, wenn er aus der Beobachterperspektive Zusammenhänge darstellt, die er hervorragend recherchiert hat. Einige wenige Einschränkungen sind im Hinblick auf die christliche Theologie zu machen, die der Verfasser vereinfacht darzustellen sucht, dabei aber den entscheidenden Punkt verfehlt. So geht die Bemerkung, dass Jesus Christus „selber ‚Gott' sei" (42), an der Intention des Konzils von Chalcedon vorbei, das von einer göttlichen und gleichzeitig von einer menschlichen Natur spricht. Ähnliches betrifft die Verehrung einer „Göttin Maria". (46) Selbst traditionalistische Kreise würden sich dagegen verwehren. Mit großem Gespür für religiöse Suchbewegungen macht der Verfasser auf ein universalreligiöses Phänomen aufmerksam, „dass unbeschadet aller bleibenden kulturellen und religiösen Differenzen Menschen an den verschiedenen Pilgerorten der Welt ähnlichen Grundbedürfnissen nach Heilung und Trost Ausdruck geben" (14). Beachtenswert ist auch die Absicht des Verfassers, den religiösen Wandlungsprozessen, „welche die einzelnen Pilgerorte über viele Jahrhunderte durchlaufen haben" (15), ein besonderes Augenmerk zu schenken. Einmal mehr bestätigt sich die religionswissenschaftliche Beobachtung von der Persistenz heiliger Orte: dass nämlich an ein und demselben Ort die Religionen wechseln können, doch die Aura des Heiligen bestehen bleibt. Die frühmittelalterliche Reliquiensucht, die eingehend geschildert wird, treibt gelegentlich eigenartige Blüten, wenn etwa Helena, die Mutter des Kaisers Konstantin, einen Nagel des Kreuzes Christi, von dessen Echtheit sie überzeugt ist, im Gebiss des Pferdes ihres Sohnes anbringen lässt. Fügt man solche Anekdoten unkommentiert aneinander, ohne auf den geschichtlichen und gesellschaftlichen Hintergrund einzugehen, dann muss manchen die ganze Religionsgeschichte als eine einzige Abstrusität vorkommen. Man fühlt sich an die Strategie sozialistischer Religionsbekämpfung erinnert, die in Museen der Religion möglichst viele ausgefallene Exponate zusammentragen ließ. Sicher, diese Absicht verfolgt der Verfasser nicht. Er will die Menschen in ihrer religiösen Suche ernstnehmen. Spannend ist die Beobachtung, dass die moderne Form des Pilgerwesens Religion einen neuen Stellenwert gibt in Richtung einer dogmatisch uninteressierten, gefühlsbetonten Religiosität, die diffus als Patchwork individuell zusammengestellt wird. Bezeichnend ist der Hinweis auf das Buch „Ich bin dann mal weg. Meine Reise auf dem Jakobsweg" von Hape Kerkeling. Der Wurf, der Kerkeling mit seinem Pilgerbericht gelungen ist, hängt zweifellos mit der konsequent durchgehaltenen Ich-Perspektive zusammen, in der sich viele seiner Leser und Leserinnen wiedererkennen. Dem Verfasser ist vollkommen zuzustimmen, wenn er schlussfolgert: „Diese radikale Individualisierung und Pluralisierung des Religiösen bedeutet für die Kirchen heute, ob nun katholisch oder evangelisch, die eigentliche Herausforderung." (91) Ebenso trifft der Verfasser bei der Darstellung der Grabeskirche in Jerusalem den entscheidenden Punkt, wenn er bedauernd feststellt: „An den Vertretern der Grabeskirche sind sowohl der Geist der Aufklärung als auch der Ökumene spurlos vorübergegangen. Ausgerechnet die heiligste Kirche der Christenheit hat sich damit nicht aus den Fesseln einer unseligen Tradition gelöst, die noch unlösbar mit dem Zeitalter der Konfessionskriege verknüpft ist." (165) Hier wäre insbesondere die katholische Kirche gefordert, nicht in Kategorien eines Besitzstandes, sondern der Repräsentation des Gekreuzigten zu denken und entsprechende Konsequenzen zu ziehen. Welches unausgeschöpfte Potenzial in der Begegnung mit den östlichen Religionen liegt, macht schlaglichtartig das Wort eines daoistischen Mönchs aus China deutlich: „Ihr Christen wisst zu viel über Gott." (256) Insgesamt lässt sich sagen: eine äußerst anregende, sorgfältig recherchierte und informative Lektüre, die man vielen in die Hand drücken möchte, um sie einzuladen, anhand des Phänomens der Pilgerorte weltweit die eigene Kirchturmperspektive zu überwinden.

Bamberg / Linz *Hanjo Sauer*

Eingesandte Schriften

An dieser Stelle werden sämtliche an die Redaktion zur Anzeige und Besprechung eingesandten Schriftwerke verzeichnet. Diese Anzeige bedeutet noch keine Stellungnahme der Redaktion zum Inhalt dieser Schriften. Eine Rücksendung der Bücher erfolgt in keinem Fall.

AKTUELLE FRAGEN

Voderholzer, Rudolf: Zur Erneuerung der Kirche. Geistliche Impulse zu aktuellen Herausforderungen. Verlag Friedrich Pustet, Regensburg 2020. (256) Geb. Euro 24,95 (D) / Euro 25,70 (A) / CHF 25,44. ISBN 978-3-7917-3138-4.

BIBELWISSENSCHAFT

Erbele-Küster, Dorothea: Verführung zum Guten. Biblisch-theologische Erkundungen zwischen Ethik und Ästhetik (Theologische Interventionen 3). Walter Kohlhammer Verlag, Stuttgart 2019. (112) Kart. Euro 19,00 (D) / Euro 19,50 (A) / CHF 22,80. ISBN 978-3-17-035465-4.

Heither, Theresia / Reemts, Christiana: Die Psalmen bei den Kirchenvätern. Psalmen 31–60. Aschendorff Verlag, Münster 2020. (483) Geb. Euro 49,00 (D) / Euro 50,40 (A) / CHF 65,60. ISBN 978-3-402-24682-5.

Lass, Magdalena: … zum Kampf mit Kraft umgürtet. Untersuchungen zu 2 Sam 22 unter gewalthermeneutischen Perspektiven (Bonner Biblische Beiträge 185). V&R Unipress Verlag, Göttingen 2018. (410) geb. Euro 55,00 (D) / Euro 57,00 (A) / CHF 79,90. ISBN 978-3-8471-0816-0.

ETHIK

Crist, Eileen: Schöpfung ohne Krone. Warum wir uns zurückziehen müssen, um die Artenvielfalt zu bewahren. oekom Verlag, München 2020. (400) kart. Euro 28,00 (D) / Euro 28,80 (A) / CHF 28,54. ISBN 978-3-96238-178-3.

FESTSCHRIFT

Bechmann, Ulrike / Böhm, Manfred (Hg.): Fuchs, du hast die Gans gestohlen, gib sie nie mehr her. Was den Zeichner Ottmar mit dem Theologen Fuchs verbindet. Echter Verlag, Würzburg 2020. (216) Geb. Euro 16,90 (D) / Euro 17,40 (D). ISBN 978-3-429-05542-4.

FUNDAMENTALTHEOLOGIE

Kopp, Stefan (Hg.): Kirche im Wandel. Ekklesiale Identität und Reform (Quaestiones disputatae 306). Herder Verlag, Freiburg i. Br.–Basel–Wien 2020. (460) Kart. Euro 58,00 (D) / Euro 61,70 (A) / CHF 81,00. ISBN 978-3-451-02306-4.

KIRCHENGESCHICHTE

Hellinghausen, Georges: Kleine Diözesangeschichte Luxemburgs. Aschendorff Verlag, Münster 2020. (180, zahlr. farb. Abb.) Geb. Euro 19,80 (D) / Euro 20,40 (A) / CHF 20,18). ISBN 978-3-402-24666-5.

LITURGIEWISSENSCHAFT

Volgger, Ewald / Wegscheider, Florian (Hg.): Benediktion von gleichgeschlechtlichen Partnerschaften (Schriften der Katholischen Privat-Universität Linz 8). Verlag Friedrich Pustet, Regensburg 2020. (206) Kart. Euro 24,95 (D) / Euro 25,70 (A) / CHF 25,44. ISBN 978-3-7917-3127-8.

MARIOLOGIE

Hauke, Manfred: Maria, „Mutter der Einheit" (Mater unitatis) (Mariologische Studien 28). Verlag Friedrich Pustet, Regensburg 2020. (392) Kart. Euro 39,95 (D) / Euro 41,20 (A) / CHF 40,73. ISBN 978-3-7917-3146-9.

MISSIONSWISSENSCHAFT

Müßig, Dietmar: Die Jungfrau im Silberberg. Ein kolonialzeitliches Marienbild aus Potosí als Zeugnis andiner Theologie (Weltkirche und Mission 13). Verlag Friedrich Pustet, Regensburg 2020. (448, 91 meist farb. Abb.) Kart. Euro 49,95 (D) / Euro 51,40 (A) / CHF 50,92. ISBN 978-3-7917-3107-0.

MORALTHEOLOGIE

Gärtner, Dirk: Gelingen im Scheitern. Moraltheologische Überlegungen zu zwei Kategorien einer christlichen Identität (Studien zu Spiritualität und Seelsorge 10). Verlag Friedrich Pustet, Regensburg 2020. (352) Kart. Euro 39,95 (D) / Euro 41,10 (A) / CHF 40,73. ISBN 978-3-7917-3143-8.

Koller, Edeltraud: Die Wissenschaften als Erkenntnisquelle der katholischen Morallehre. Die Päpstliche Akademie der Wissenschaften als Modell der ethischen Integration eines Locus theologicus alienus (Studien der Moraltheologie. Neue Folge 13). Aschendorff Verlag, Münster 2020. (481) kart. Euro 64,00 / Euro. ISBN 978-3-402-11947-1.

Wolbert, Werner: Barmherzigkeit oder Gerechtigkeit? Zur ethischen Einordnung einiger Fragen der Sexual- und Beziehungsmoral sowie der politischen Ethik (Studien der Moraltheologie. Neue Folge 12). Aschendorff Verlag, Münster 2020. (149) kart. Euro 32,00 (D) / Euro 32,90 / CHF 32,62. ISBN 978-3-402-11945-7.

ÖKUMENE

Appel, Brun / Mykhaleyko, Andriy / Petrynko, Oleksandr (Hg.): Wegbereiter der Einheit. Briefwechsel zwischen Prinz Max von Sachsen und Metropolit Andreas Graf Sheptytskyj (Eichstätter Studien – Neue Folge 82). Verlag Friedrich Pustet, Regensburg 2020. (175) Kart. Euro 29,95 (D) / Euro 30,80 (A) / CHF 30,53. ISBN 978-3-7917-3150-6.

PASTORALTHEOLOGIE

Prior, Wilfried: Nicht ohne die Anderen. Gemeinsame Pfarreileitung durch Priester und hauptamtliche Laien im Bistum Osnabrück (Studien zur Praktischen Theologie 4). Aschendorff Verlag, Münster 2020. (326) kart. Euro 49,00 (D) / Euro 50,40 (A) / CHF 49,95. ISBN 978-3-402-15191-4.

RELIGIONSPÄDAGOGIK

Brandstetter, Bettina: Kulturen, Religionen und Identitäten aushandeln. Elementarpädagogik zwischen Homogenisierung und Pluralisierung (Interreligiöse und Interkulturelle Bildung im Kindesalter 9). Waxmann Verlag, Münster 2020. (268) Kart. Euro 29,90 (D) / Euro 30,80 (A) / CHF 30,48. ISBN 978-3-8309-4139-2.

THEOLOGIE

Leugers, Antonia: Literatur – Gender – Konfession. Katholische Schriftstellerinnen. Band 2: Analysen und Ergebnisse. Verlag Friedrich Pustet, Regensburg 22020. (288, 8 Seiten Farbbildteil) Kart. Euro 34,95 (D) / Euro 36,00 (A) / CHF 35,63. ISBN 978-3-7917-3151-3.

Stepanow, Kathrin: Analysis dubii. Die theologische Legitimität iterativen Zweifelns (Ratio fidei 71). Verlag Friedrich Pustet, Regensburg 2020. (240) Kart. Euro 29,95 (D) / Euro 31,20 (A) / CHF 30,53. ISBN 978-3-7917-3148-3.

Wendel, Saskia: In Freiheit glauben. Grundzüge eines libertarischen Verständnisses von Glauben und Offenbarung. Verlag Friedrich Pustet, Regensburg 2020. (157) Kart. Euro 26,95 (D) / Euro 27,80 (A) / CHF 27,47. ISBN 978-3-7917-3136-0.

Winkler, Ulrich (Hg.): Religion zwischen Mystik und Politik. »Ich lege mein Gesetz in sie hinein und schreibe es auf ihr Herz« (Jer 31,33) (Jerusalemer Theologisches Forum 35). Aschendorff Verlag, Münster 2020. (324) Kart. Euro 39,00 (D) / Euro 40,10 (A) / CHF 39,76. ISBN 978-3-402-11053-9.

Aus dem Inhalt des nächsten Heftes:

Schwerpunktthema: .... Religionsunterricht

Bernhard Grümme: .... Zum Bildungspotenzial des Religionsunterrichts
Christoph Lehmann: .... Religionsunterricht im öffentlichen Disput
Gerd Neuhaus: .... „Nun vergessen Sie erst einmal alles, was Sie an der Uni gelernt haben."
Werner Simon: .... Zur Entstehungsgeschichte des Religionsunterrichts

Bezug der Zeitschrift

In der Bundesrepublik Deutschland	Verlag Friedrich Pustet, Gutenbergstraße 8, D 93051 Regensburg, Tel. +49 (0) 941/92022-0, Fax +49 (0) 941/92022-330, E-Mail: verlag@pustet.de oder über den Buchhandel	
Einzahlung	Postgiro Nürnberg:	IBAN: DE35 7601 0085 0006 9698 50 BIC: PBNKDEFF
	Sparkasse Regensburg:	IBAN: DE37 7505 0000 0000 0002 08 BIC: BYLADEM1RBG
In Österreich	Theologisch-praktische Quartalschrift Katholische Privat-Universität, Bethlehemstraße 20, A 4020 Linz, Tel. +43 (0) 732/784293-4142, Fax -4155, E-Mail: thpq@ku-linz.at oder	
	Verlag Friedrich Pustet, Gutenbergstraße 8, D 93051 Regensburg (s. o.), oder über den Buchhandel	
Einzahlung	Sparkasse Oberösterreich:	IBAN: AT06 2032 0186 0000 1211 BIC: ASPKAT2L
Im Ausland	Verlag Friedrich Pustet, Gutenbergstraße 8, D 93051 Regensburg (s. o.), oder über den Buchhandel	
	In der Schweiz über den Buchhandel oder bei AVA Verlagsauslieferung AG, Centralweg 16, CH 8910 Affoltern a. Albis (verlagsservice@ava.ch)	

Bezugspreise ab Jahrgang 2020	Jahresabonnement (Print)	Einzelheft (Print)
Bundesrepublik Deutschland, Österreich und Ausland	Euro 38,00	Euro 11,00
Schweiz	CHF 58,50	CHF 18,50
	(digital – ePub / PDF)	(digital – ePub / PDF)
	Euro 34,00	Euro 9,99

Versandkosten werden zusätzlich verrechnet.
Studenten erhalten gegen Studiennachweis Ermäßigung. Der Eintritt in ein Abonnement ist mit jedem Heft möglich. Das Abonnement verlängert sich jeweils um ein weiteres Jahr, wenn bis sechs Wochen vor Ende des Bezugszeitraums keine schriftliche Abbestellung erfolgt.

Theologisch-praktische Quartalschrift
ISSN 0040-5663
ISBN 978-3-7917-3162-9

Medieninhaber (Verleger): Friedrich Pustet GmbH & Co. KG, Gutenbergstraße 8, D 93051 Regensburg
Redaktion: Bethlehemstraße 20, A 4020 Linz, Tel. +43 (0) 732/784293-4142, Fax -4155
E-Mail: thpq@ku-linz.at   Internet: http://www.thpq.at
Herausgeber: Die Professoren und Professorinnen der Fakultät für Theologie der
Katholischen Privat-Universität Linz, Bethlehemstraße 20, A 4020 Linz
Satzerstellung: Mag. Bernhard Kagerer und Roswitha Leitner, Ritzing 3, A 4845 Rutzenmoos
Druck und Bindung: Friedrich Pustet Gmbh & Co. KG, Gutenbergstraße 8, D 93051 Regensburg
Anzeigenverwaltung: Verlag Friedrich Pustet, Gutenbergstraße 8, D 93051 Regensburg